NIEZBĘDNY PRZEWODNIK PO AZJATYCZNEJ ŻYWNOŚCI KOMFORTOWEJ

100 satysfakcjonujących duszę smaków z serca azjatyckiej kuchni komfortowej

Melania Michalska

Prawa autorskie ©2023

Wszelkie prawa zastrzeżone

Żadna część tej książki nie może być wykorzystywana ani rozpowszechniana w jakiejkolwiek formie i w jakikolwiek sposób bez odpowiedniej pisemnej zgody wydawcy i właściciela praw autorskich, z wyjątkiem krótkich cytatów użytych w recenzji. Niniejsza książka nie powinna być traktowana jako substytut porady lekarskiej, prawnej lub innej porady zawodowej.

SPIS TREŚCI

SPIS TREŚCI 3
WSTĘP 6
KOREAŃSKA JEDZENIE KOMFORTOWE 7
   1. Hotteok z Warzywami i Makaronem 8
   2. Jajeczny chleb 11
   3. Gorące i pikantne ciasto ryżowe 13
   4. Koreańsko-amerykańskie naleśniki z owocami morza 15
   5. Wegańska kanapka z bulgolgami 18
   6. Koreańskie ciasto z bekonem i jajkiem 20
   7. Koreański ryż curry 22
   8. Rolada z jajkiem zebry 24
   9. Koreańskie ciasta orzechowe z pieca 26
  10. Uliczna kanapka tostowa 28
  11. Głęboko Smażone Warzywa 30
TAJWAŃSKA KOMFORTOWA ŻYWNOŚĆ 33
  12. Tajwańska ryba w tempurze 34
  13. Kulki Rybne Tamsui 36
  14. Śmierdzące tofu 38
  15. Tajwańskie klopsiki 40
  16. Tajwańskie grzyby popcornowe 43
  17. Tajwański kurczak z popcornem 45
  18. Kulki Taro 47
  19. Smażone grzyby 49
  20. Kalmary z grilla 51
  21. Tajwańska mielona wieprzowina i marynowane ogórki 53
  22. Tajwański duszony ryż wieprzowy 55
  23. Tajwański gulasz z kurczaka w oleju sezamowym 57
  24. Tajwańskie pierogi 59
  25. Kurczak w stylu tajwańskim na trzy szklanki 61
  26. Tajwańskie kotlety schabowe 63
  27. Grillowane na ogniu kostki wołowe 65
  28. Tajwańska miska na ryż z duszoną wieprzowiną 67
  29. Tajwańska kiełbasa lepkiego ryżu 69
  30. Suszona Wieprzowina Po Tajwańsku 71
  31. Tajwańska bułka ryżowa 73
JAPOŃSKIE KOMFORTOWE JEDZENIE 75
  32. Tofu w sosie z czarnego pieprzu 76
  33. Agedaszi Tofu 78
  34. Sezamowy ryż shiso 80
  35. Japońska sałatka ziemniaczana 82
  36. Natto 84

37. Nasu Dengaku 86
38. Patelnia Makaronowa Ramen Ze Stkiem 88
39. Serowa Ramen Carbonara 90
40. Ramen z czterema składnikami 92
41. Ramenowa lasagne 94
42. Gorący Ramen z Kotletem Schabowym 96
43. Wieprzowina Miso i Ramen 98
44. Pieczony kurczak Katsu 101
45. Curry z mieloną wołowiną Hayashi 103
46. Kurczak Teriyaki 105
47. Japońska miska z łososiem 107
48. Kurczak w Garnku/Mizutaki 109
49. Japoński imbirowy okoń morski 111
50. Japońskie fantazyjne teriyaki 113

INDYJSKA KOMFORTOWA JEDZENIE 115
51. Miska na ryż z kurczakiem Tikka 116
52. Miska z curry i brązowym ryżem 118
53. Miska do ryżu serowego 120
54. Miska na ryż z indyjskim curry i baraniną 122
55. Indyjska miska z kremowym curry 124
56. Indyjska miska na ryż cytrynowy 126
57. Indyjska miska Buddy z kalafiora 128
58. Indyjska miska z grillowanej soczewicy 130

CHIŃSKA KOMFORTOWA ŻYWNOŚĆ 132
59. Smażony kurczak po chińsku z ryżem 133
60. Pikantna miska warzywna 136
61. Chińska miska z mielonym indykiem 138
62. Miski na ryż z mieloną wołowiną 140
63. Chrupiąca miska ryżu 142
64. Miska na pikantny lepki ryż 144
65. Miska z wołowiną Hoisin 146
66. Miska na ryż z wieprzowiną i imbirem 148
67. Wegańskie Poke Bowl z sosem sezamowym 150
68. Miska na ryż z kurczakiem chili 152
69. Miska Buddy z Tofu 154
70. Dana Miska Ryżu 156
71. Miska na ryż z mielonym kurczakiem 158
72. Miska z Makaronem Cytrynowym 160
73. Miska na ryż z kurczakiem i kurczakiem sojowym i czosnkiem 162

WIETNAMSKA KOMFORTOWA JEDZENIE 164
74. Miska na ryż Banh Mi 165
75. Wołowina i chrupiący ryż 167
76. Miska z kurczakiem i ryżem Sirarcha 169

77. Miska na makaron z wołowiną i trawą cytrynową 171
78. Glazurowana miska na ryż z kurczakiem 173
79. Wermiszel z krewetkami czosnkowymi 175
80. Miska z makaronem i kluskami z kurczaka 177
81. Miska z ryżem i kurczakiem 179
82. miska na ryż z wołowiną 181
83. Miska z Karmelizowanym Kurczakiem 183

TAJSKA KOMFORTOWA JEDZENIE 185
84. Tajskie curry z kalafiora orzechowo-kokosowego i ciecierzycy 186
85. Smażona Cukinia I Jajko 188
86. Wegetariański pad thai 190
87. Tłuczone Ziemniaki Z Chile Po Tajsku 192
88. Pad tajski z dynią spaghetti 194
89. Kluski Na Parze Z Grzybami Shiitake 197
90. Tajskie Tofu Satay 200
91. Tajski Makaron Smażony Z Warzywami 203
92. Tajski makaron ryżowy z bazylią 206
93. Smażony ryż z ananasem 208
94. Tajski ryż kokosowy 210
95. Tajski żółty ryż 212
96. Smażony Bakłażan 214
97. Tajskie smażone warzywa 217
98. Tajski smażony szpinak z czosnkiem i orzeszkami ziemnymi 219
99. Tajska soja w filiżankach z kapusty 221
100. Tajskie pieczone słodkie ziemniaki i Ube 223

WNIOSEK 225

WSTĘP

Witamy w „Podstawowym przewodniku po azjatyckiej kuchni komfortowej", Twoim paszporcie do 100 satysfakcjonujących smaków z serca azjatyckiej kuchni komfortowej. Ten przewodnik jest hołdem dla bogatych, pocieszających i różnorodnych tradycji kulinarnych, które definiują komfortowe potrawy w Azji. Dołącz do nas w podróży, która wykracza poza to, co znane, zapraszając Cię do odkrywania ciepła, nostalgii i radości, które towarzyszą każdemu daniu.

Wyobraź sobie kuchnię wypełnioną kuszącymi aromatami gotujących się bulionów, pachnących przypraw i skwierczenia pocieszających frytek. „Podstawowy przewodnik po azjatyckiej kuchni komfortowej" to coś więcej niż tylko zbiór przepisów; to eksploracja składników, technik i wpływów kulturowych, które sprawiają, że wykwintna kuchnia azjatycka jest tak głęboko satysfakcjonująca. Niezależnie od tego, czy masz korzenie w Azji, czy po prostu cenisz smaki kuchni azjatyckiej, te przepisy zostały opracowane, aby zainspirować Cię do odtworzenia rozgrzewających smaków, które przynoszą ukojenie duszy.

Od klasycznych zup z makaronem po pełne smaku dania z ryżu i słodkie przysmaki – każdy przepis to celebracja pocieszających smaków i technik kulinarnych, które definiują azjatyckie jedzenie komfortowe. Niezależnie od tego, czy szukasz pocieszenia w misce pho, delektujesz się prostotą congee, czy też rozkoszujesz się słodyczą deserów inspirowanych kuchnią azjatycką, ten przewodnik to Twoje źródło wiedzy, dzięki któremu poznasz pełne spektrum komfortowej kuchni azjatyckiej.

Dołącz do nas, gdy zagłębimy się w serce azjatyckiej kuchni komfortowej, gdzie każda kreacja jest świadectwem ciepła i nostalgii, jakie te zadowalające duszę smaki wnoszą na stół. Załóż więc fartuch, rozkoszuj się pocieszającymi aromatami i wyrusz w pełną smaku podróż po „Podstawowym przewodniku po azjatyckiej kuchni komfortowej".

KOREAŃSKA JEDZENIE KOMFORTOWE

1. Hotteok Z Warzywami I Makaronem

SKŁADNIKI:
NA CIASTO
- 2 łyżeczki suchych drożdży
- 1 szklanka ciepłej wody
- ½ łyżeczki soli
- 2 filiżanki mąki uniwersalnej
- 2 łyżki cukru
- 1 łyżka oleju roślinnego

DO WYPEŁNIENIA
- 1 łyżka cukru
- 3 uncje makaronu ze skrobi ze słodkich ziemniaków
- ¼ łyżeczki mielonego czarnego pieprzu
- 2 łyżki sosu sojowego
- 3 uncje szczypiorku azjatyckiego, pokrojonego na małe kawałki
- 1 średnia cebula, pokrojona w drobną kostkę
- 1 łyżeczka oleju sezamowego
- 3 uncje marchewki, pokrojonej w małą kostkę
- Olej do gotowania

INSTRUKCJE:
a) Aby przygotować ciasto, w misce wymieszaj cukier, drożdże i ciepłą wodę, mieszaj, aż drożdże się rozpuszczą, teraz wymieszaj 1 łyżkę oleju roślinnego i sól, dobrze wymieszaj.
b) Dodać mąkę i wymieszać na gładkie ciasto, odstawić na 1 ¼ godziny do wyrośnięcia, spuścić powietrze podczas wyrastania, przykryć i odłożyć na bok.
c) W międzyczasie zagotuj w garnku wodę i ugotuj makaron, mieszając od czasu do czasu, gotuj przez 6 minut pod przykryciem.
d) Gdy zmiękną, przelej zimną wodą, a następnie odcedź.
e) Za pomocą nożyczek pokrój je na kawałki o grubości ¼ cala.
f) Na dużą patelnię lub wok dodaj 1 łyżkę oleju i smaż makaron przez 1 minutę, następnie dodaj cukier, sos sojowy i czarny pieprz, cały czas mieszając.
g) Dodać szczypiorek, marchewkę i cebulę i dobrze wymieszać.
h) Po zakończeniu zdejmij z ognia.

i) Następnie wlej 1 łyżkę oleju na drugą patelnię i podgrzej, gdy będzie gorąca, zmniejsz ogień do średniego.
j) Nasmaruj dłonie olejem, weź ½ szklanki ciasta i uformuj płaski, okrągły kształt.
k) Teraz dodaj trochę nadzienia i złóż krawędzie w kulkę, uszczelniając krawędzie.
l) Umieścić na patelni zamkniętą końcówką do dołu, smażyć przez 30 sekund, następnie odwrócić i ucisnąć tak, aby miał około 4 cali średnicy, zrób to za pomocą szpatułki.
m) Gotuj przez kolejne 2-3 minuty, aż całość stanie się chrupiąca i złocista.
n) Połóż na papierze kuchennym, aby usunąć nadmiar tłuszczu i powtórz czynność z resztą ciasta.
o) Podawać na gorąco.

2. Jajeczny chleb

SKŁADNIKI:
- 3 łyżki cukru
- 1 łyżeczka proszku do pieczenia
- 1 łyżka niesolonego masła, roztopionego
- ½ szklanki mąki uniwersalnej
- Szczypta soli
- ½ łyżeczki ekstraktu waniliowego
- 4 jajka
- 1 kostka sera mozzarella, pokrojona na 6 kawałków
- ½ szklanki mleka
- 1 łyżeczka oleju kuchennego

INSTRUKCJE:

a) Wymieszaj sól, mąkę, cukier, masło, wanilię, 1 jajko, proszek do pieczenia i mleko, ubijaj, aż masa będzie gładka

b) Rozgrzej piec do 400°F i nasmaruj olejem 3 małe foremki na bochenek. Formy powinny mieć wymiary około 4×2×1 ½ cala.

c) Ciasto wlewamy równomiernie do foremek, wypełniając je do połowy.

d) Umieść 2 kawałki sera w mieszance na zewnątrz, pozostawiając środek czysty.

e) Następnie wbij po 1 jajku na środek każdej puszki.

f) Gotuj w piekarniku na środkowej półce przez 13–15 minut, w zależności od tego, jak lubisz ugotowane jajko.

g) Weź, gdy będzie gotowy i podawaj na gorąco.

3. Gorące i pikantne ciasto ryżowe

SKŁADNIKI:
- 4 szklanki wody
- Suszone wodorosty o wymiarach 6 × 8 cali
- Ciasto ryżowe w kształcie cylindra o wadze 1 funta
- 7 dużych sardeli, oczyszczonych
- ⅓ szklanki koreańsko-amerykańskiej pasty ostrej papryki
- 3 szalotki, pokrojone na 3-calowe kawałki
- 1 łyżka cukru
- ½ funta ciastek rybnych
- 1 łyżka płatków ostrej papryki
- 2 jajka na twardo

INSTRUKCJE:
a) Umieść wodorosty i anchois w płytkim garnku z wodą i podgrzej, gotując przez 15 minut bez pokrywki.
b) Za pomocą małej miski wymieszaj płatki pieprzu i wymieszaj z cukrem.
c) Wyjmij wodorosty i anchois z patelni i włóż do nich ciasto ryżowe, mieszankę papryki, szalotki, jajka i ciastka rybne.
d) Wywar powinien wynosić około 2 ½ szklanki.
e) Gdy zacznie wrzeć, delikatnie wymieszaj i odstaw do zgęstnienia na 14 minut, teraz powinno wyglądać błyszcząco.
f) Jeśli wafelek ryżowy nie jest miękki, dodaj trochę wody i gotuj trochę dłużej.
g) Gdy wszystko będzie gotowe, wyłącz ogień i podawaj.

4. Koreańsko-amerykańskie naleśniki z owocami morza

SKŁADNIKI:
DO NALEŚNIKÓW
- 2 średnie jajka
- 2 szklanki mieszanki naleśnikowej, koreańsko-amerykańskiej
- ½ łyżeczki soli
- 1 ½ szklanki wody
- 2 uncje małży
- 12 średnich korzeni cebuli, pociętych
- 2 uncje kalmarów
- ¾ szklanki oleju roślinnego
- 2 uncje krewetek, oczyszczonych i oczyszczonych
- 4 średnie papryczki chili, pokrojone pod kątem

NA SOS
- 1 łyżka octu
- 1 łyżka sosu sojowego
- 4 średnie papryczki chili, pokrojone pod kątem
- ¼ łyżeczki czosnku
- 1 łyżka wody

INSTRUKCJE:

a) Do miski z wodą dodaj trochę soli, umyj i odsącz owoce morza, odłóż na bok.
b) Następnie zmiksuj w osobnej misce, odłóż na bok wodę, czerwone i zielone chilli, sos sojowy, czosnek i ocet.
c) Używając drugiej miski, ubij jajka, mieszankę naleśnikową, zimną wodę i sól, aż masa będzie kremowa.
d) Połóż na patelni lekko natłuszczonej i podgrzej.
e) Użyj miarki o pojemności ½ szklanki i wlej mieszankę na gorącą patelnię.
f) Mieszaj, aby wyrównać mieszankę, teraz połóż na wierzchu 6 kawałków szalotki, dodaj chili i owoce morza.
g) Lekko wciśnij jedzenie w naleśnik, a następnie dodaj kolejne ½ szklanki mieszanki na wierzch.
h) Gotuj, aż podstawa będzie złocista, około 5 minut.
i) Teraz delikatnie obróć naleśnik na drugą stronę, dodając odrobinę oleju na brzegach i smaż przez kolejne 5 minut.
j) Po zakończeniu odwróć się i wyjmij z patelni.
k) Zrób to samo z pozostałym ciastem.

5.Wegańska kanapka z bulgolgami

SKŁADNIKI:
- ½ średniej cebuli, pokrojonej w plasterki
- 4 małe bułki do hamburgerów
- 4 liście czerwonej sałaty
- 2 szklanki loków sojowych
- 4 plasterki sera wegańskiego
- Majonez organiczny

DO MARYNATY
- 1 łyżka oleju sezamowego
- 2 łyżki sosu sojowego
- 1 łyżeczka nasion sezamu
- 2 łyżki agawy lub cukru
- ½ łyżeczki mielonego czarnego pieprzu
- 2 szalotki, posiekane
- ½ gruszki azjatyckiej, pokrojonej w kostkę, według uznania
- ½ łyżki białego wina
- 1-2 zielone koreańsko-amerykańskie papryczki chili, pokrojone w kostkę
- 2 ząbki czosnku, zmiażdżone

INSTRUKCJE:
a) Zrób loki sojowe zgodnie z instrukcją na opakowaniu.
b) Następnie ułóż całe składniki na marynatę razem w dużej misce i zmiksuj na sos.
c) Usuń wodę z loków sojowych, delikatnie wyciskając.
d) Do marynaty dodać loki wraz z pokrojoną w plasterki cebulą i obtoczyć je w całości.
e) Na rozgrzaną patelnię wlej 1 łyżkę oleju, następnie wlej całą mieszankę i smaż przez 5 minut, aż cebula i loki staną się złociste, a sos zgęstnieje.
f) W międzyczasie opiekaj bułki hamburgerowe serem na chlebie.
g) Posmaruj majonezem, a następnie mieszanką loków i wykończ liściem sałaty na wierzchu.

6.Koreańskie ciasto z bekonem i jajkiem

SKŁADNIKI:
NA CHLEB
- ½ szklanki mleka
- ¾ szklanki mąki samorosnącej lub mąki multi z ¼ łyżeczki proszku do pieczenia
- 4 łyżeczki cukru
- 1 jajko
- 1 łyżeczka masła lub oliwy z oliwek
- ¼ łyżeczki soli
- ¼ łyżeczki esencji waniliowej

DO WYPEŁNIENIA
- 1 plasterek boczku
- Sól dla smaku
- 6 jaj

INSTRUKCJE:
a) Rozgrzej piec do 375°F.
b) Wymieszaj za pomocą miski, ¼ łyżeczki soli, mąki i 4 łyżek cukru.
c) Do masy wbić jajko i dobrze wymieszać.
d) Powoli wlewaj mleko, małymi porcjami, aż stanie się gęste.
e) Nasmaruj tłuszczem formę do pieczenia, następnie wyłóż na nią mieszankę mąki, uformuj 6 owali lub możesz użyć papierowych foremek do ciasta.
f) Jeśli nadajesz kształt, wykonaj w każdym z nich małe wgłębienia i wbij jajko w każdy otwór lub na wierzch każdej foremki z ciastem.
g) Boczek posiekaj i posyp każdy z nich, jeśli masz pod ręką natkę pietruszki, dodaj też trochę.
h) Gotuj przez 12-15 minut.
i) Wyjmij i ciesz się.

7.Koreański ryż curry

SKŁADNIKI:
- 1 średnia marchewka, obrana i pokrojona w kostkę
- 7 uncji wołowiny, pokrojonej w kostkę
- 2 cebule, posiekane
- 2 ziemniaki, obrane i pokrojone w kostkę
- ½ łyżeczki czosnku w proszku
- Doprawić do smaku
- 1 średnia cukinia, pokrojona w kostkę
- Olej roślinny do gotowania
- 4 uncje mieszanki sosu curry

INSTRUKCJE:
a) Do woka lub głębokiej patelni wlać odrobinę oleju i rozgrzać.
b) Doprawiamy wołowinę, wlewamy olej, mieszamy i smażymy przez 2 minuty.
c) Następnie dodać cebulę, ziemniaki, czosnek w proszku i marchewkę, smażyć kolejne 5 minut, następnie dodać cukinię.
d) Zalać 3 szklankami wody i podgrzewać aż zacznie wrzeć.
e) Zmniejsz ogień i gotuj na małym ogniu przez 15 minut.
f) Powoli dodawaj mieszankę curry, aż masa stanie się gęsta.
g) Połóż na ryżu i ciesz się smakiem.

8.Rolada z jajkiem zebry

SKŁADNIKI:
- ¼ łyżeczki soli
- 3 jajka
- Olej do gotowania
- 1 łyżka mleka
- 1 arkusz wodorostów

INSTRUKCJE:
a) Arkusz wodorostów podziel na kawałki.
b) Teraz wbij jajka do miski, dodaj sól z mlekiem i wymieszaj.
c) Postaw patelnię na kuchence i rozgrzej ją z odrobiną oleju, lepiej jeśli masz patelnię z powłoką nieprzywierającą.
d) Wlej tyle jajka, aby przykryło dno patelni, a następnie posyp wodorostami.
e) Gdy jajko będzie już w połowie ugotowane, zwiń je i zepchnij na brzeg patelni.
f) Następnie w razie potrzeby ponownie nasmaruj tłuszczem i zmniejsz temperaturę, jeśli jest zbyt gorąca, włóż kolejną cienką warstwę jajka i ponownie posyp nasionami, teraz zwiń pierwsze jajko w poprzek smażenia i umieść je po drugiej stronie patelni.
g) Powtarzaj tę czynność, aż jajko się skończy.
h) Wyłożyć na deskę i pokroić.

9. Koreańskie ciasta orzechowe z pieca

SKŁADNIKI:
- 1 puszka czerwonej fasoli azuki
- 1 szklanka mieszanki naleśnikowej lub mieszanki na gofry
- 1 łyżeczka ekstraktu waniliowego
- 1 łyżka cukru
- 1 opakowanie orzechów włoskich

INSTRUKCJE:
a) Przygotuj masę na naleśniki zgodnie z instrukcją na opakowaniu z dodatkowym cukrem.
b) Gdy mieszanina będzie już gotowa, przełóż ją do naczynia z dzióbkiem.
c) Używając 2 foremek do ciastek, jeśli ich nie masz, możesz użyć foremek do muffinów, podgrzać na kuchence na niskim poziomie, będą się palić na wysokim poziomie.
d) Dodaj mieszankę do pierwszej puszki, ale wypełnij ją tylko do połowy.
e) Szybko dodaj po 1 orzechu włoskim i 1 łyżeczce czerwonej fasoli do każdego miejsca, a resztę mieszanki przełóż do drugiej puszki.
f) Następnie odwrócić pierwszą formę na wierzch drugiej, wyrównując foremki, gotować przez kolejne 30 sekund, gdy druga forma będzie już ugotowana, zdjąć z ognia.
g) Teraz zdejmij górną formę i wyjmij ciastka na talerz.

10. Uliczna kanapka tostowa

SKŁADNIKI:
- ⅔ szklanki kapusty, pokrojonej w cienkie paski
- 4 kromki białego chleba
- 1 łyżka solonego masła
- ⅛ szklanki marchewki, pokrojonej w cienkie paski
- 2 jajka
- ¼ łyżeczki cukru
- ½ szklanki ogórka, pokrojonego w cienkie plasterki
- Ketchup do smaku
- 1 łyżka oleju kuchennego
- Majonez do smaku
- ⅛ łyżeczki soli

INSTRUKCJE:
a) W dużej misce wbij jajka z solą, następnie dodaj marchewkę i kapustę, wymieszaj.
b) Wlać olej do głębokiej patelni i rozgrzać.
c) Dodaj połowę mieszanki na patelnię i uformuj 2 bochenki, zachowując odstępy.
d) Teraz dodaj pozostałą mieszankę jajeczną na wierzch 2 na patelni, dzięki czemu uzyskasz dobry kształt.
e) Smaż przez 2 minuty, następnie odwróć i smaż przez kolejne 2 minuty.
f) Rozpuść połowę masła na osobnej patelni, gdy będzie gorące, włóż dwie kromki chleba i przewróć, aby masło wchłonęło się z obu stron, gotuj dalej, aż będzie złote z obu stron, około 3 minut.
g) Powtórzyć z pozostałymi 2 plasterkami.
h) Po ugotowaniu ułożyć na talerzach i dodać do każdego półmisek cukru.
i) Weź mieszankę jajeczną i połóż na chlebie.
j) Dodać ogórek, położyć ketchup i majonez.
k) Na wierzchu połóż drugą kromkę chleba i przekrój ją na dwie części.

11. Głęboko Smażone Warzywa

SKŁADNIKI:
- 1 świeże czerwone chili, przekrojone na pół od góry do dołu
- 1 duża marchewka obrana i pokrojona w ⅛ pałki
- 2 pęczki grzybów enoki, oddzielone
- 1 cukinia, pokrojona w ⅛ pałki
- 4 szalotki, pokrojone na 2-calowe kawałki
- 6 ząbków czosnku, pokrojonych w cienkie plasterki
- 1 średni słodki ziemniak, pokrojony w pałeczki
- 1 średni ziemniak, pokrojony w pałeczki
- Olej roślinny do smażenia

NA CIASTO
- ¼ szklanki skrobi kukurydzianej
- 1 Mąkę o wszechstronnym przeznaczeniu
- 1 jajko
- ¼ szklanki mąki ryżowej
- 1 ½ szklanki lodowatej wody
- ½ łyżeczki soli

NA SOS
- 1 ząbek czosnku
- ½ szklanki sosu sojowego
- 1 szalotka
- ½ łyżeczki octu ryżowego
- ¼ łyżeczki oleju sezamowego
- 1 łyżeczka brązowego cukru

INSTRUKCJE:
a) Postaw garnek z wodą, aby się zagotowała.
b) Marchew i oba rodzaje ziemniaków włóż do wody, zdejmij z ognia i pozostaw na 4 minuty, następnie wyjmij z wody, opłucz, odsącz i osusz papierem kuchennym.
c) Zmieszaj szalotkę, cukinię, czosnek i czerwoną paprykę w misce i dobrze wymieszaj.
d) Na ciasto wymieszaj wszystkie suche składniki .
e) Teraz ubij wodę i jajka, następnie dodaj do suchych składników i dobrze wymieszaj, aż powstanie ciasto.

f) Następnie przygotuj sos, mieszając razem cukier, ocet, olej sojowy i sezamowy.
g) Drobno posiekaj szalotkę i czosnek, a następnie dodaj do mieszanki sojowej.
h) Dodaj wystarczającą ilość oleju do woka lub głębokiej patelni, olej powinien mieć głębokość około 3 cali.
i) Gdy olej się rozgrzeje, przełóż warzywa przez ciasto, poczekaj, aż nadmiar ocieknie i smaż przez 4 minuty.
j) Gotowe odcedź i osusz na papierze kuchennym.
k) Podawać z sosem.

TAJWAŃSKA KOMFORTOWA ŻYWNOŚĆ

12. Tajwańska ryba w tempurze

SKŁADNIKI:
- 1 funt filetów z białej ryby, pokrojonych na kawałki wielkości kęsa
- 1 Mąkę o wszechstronnym przeznaczeniu
- ¼ szklanki skrobi kukurydzianej
- ½ łyżeczki proszku do pieczenia
- 1 łyżeczka soli
- 1 szklanka lodowatej wody
- Olej roślinny do smażenia
- Kawałki cytryny (do podania)

INSTRUKCJE:

a) W misce wymieszaj mąkę uniwersalną, skrobię kukurydzianą, proszek do pieczenia i sól.

b) Stopniowo dodawaj lodowatą wodę do mąki i ubijaj, aż ciasto będzie gładkie i wolne od grudek.

c) Rozgrzej olej roślinny we frytkownicy lub dużym garnku do temperatury około 350°F (175°C).

d) Zanurzaj kawałki ryby w cieście, upewniając się, że są dobrze nim pokryte.

e) Ostrożnie włóż panierowaną rybę na gorący olej i smaż na złoty kolor i chrupkość.

f) Rybę wyjmij z oleju i odsącz na ręcznikach papierowych.

g) Podawaj gorącą tajwańską rybę w tempurze z kawałkami cytryny do wyciśnięcia ryby.

13.Kulki Rybne Tamsui

SKŁADNIKI:
- 1 funt filetów z białej ryby (takich jak dorsz lub sola)
- ¼ szklanki skrobi z tapioki lub skrobi kukurydzianej
- 2 łyżki pasty rybnej
- 1 łyżka posiekanego czosnku
- 1 łyżka sosu sojowego
- 1 łyżeczka oleju sezamowego
- ½ łyżeczki białego pieprzu
- ¼ łyżeczki soli
- 4 szklanki bulionu z kurczaka lub wody

INSTRUKCJE:
a) W robocie kuchennym zmiksuj filety rybne na drobne kawałki.
b) W misce wymieszaj mieloną rybę, skrobię z tapioki lub skrobię kukurydzianą, pastę rybną, mielony czosnek, sos sojowy, olej sezamowy, biały pieprz i sól. Dobrze wymieszaj, aby uzyskać gładką mieszaninę.
c) Zwilż ręce wodą i uformuj mieszaninę rybną w małe kulki.
d) W garnku zagotuj bulion z kurczaka lub wodę.
e) Wrzucaj kulki rybne do wrzącego bulionu i gotuj, aż wypłyną na powierzchnię, co oznacza, że są ugotowane.
f) Wyjmij kulki rybne z bulionu łyżką cedzakową i podawaj w misce z ulubionym sosem.

14. Śmierdzące tofu

SKŁADNIKI:
- 1 blok twardego tofu
- 2 łyżki chińskiej sfermentowanej czarnej fasoli
- 2 ząbki czosnku, posiekane
- 1 łyżka sosu sojowego
- 1 łyżka octu ryżowego
- 1 łyżka sosu chili (opcjonalnie)
- Olej roślinny do smażenia
- Kiszona kapusta lub kimchi (opcjonalnie)

INSTRUKCJE:
a) Tofu pokroić w kostkę wielkości kęsa.
b) W małej misce rozgnieć widelcem sfermentowaną czarną fasolę.
c) Rozgrzej olej roślinny na głębokiej patelni lub woku do smażenia.
d) Smażyć kostki tofu na gorącym oleju, aż nabiorą złocistego koloru i chrupkości na zewnątrz. Wyjmij i odsącz na talerzu wyłożonym ręcznikiem papierowym.
e) Na osobnej patelni rozgrzej odrobinę oleju roślinnego i podsmaż posiekany czosnek, aż zacznie pachnieć.
f) Dodaj na patelnię puree ze sfermentowanej czarnej fasoli, sos sojowy, ocet ryżowy i sos chili (jeśli używasz). Gotuj przez minutę lub dwie, aby połączyć smaki.
g) Usmażone kostki tofu ułóż w naczyniu i polej sosem z czarnej fasoli.
h) Podawaj gorące śmierdzące tofu, opcjonalnie z kiszoną kapustą lub kimchi.

15.Tajwańskie klopsiki

SKŁADNIKI:
DO WYPEŁNIENIA:
- 1 funt mielonej wieprzowiny
- ½ funta krewetek, obranych i posiekanych
- ½ szklanki pędów bambusa, drobno posiekanych
- ¼ szklanki suszonych grzybów shiitake, namoczonych i drobno posiekanych
- 2 łyżki sosu sojowego
- 2 łyżki sosu ostrygowego
- 1 łyżka cukru
- 1 łyżka skrobi kukurydzianej
- 1 łyżeczka oleju sezamowego
- Sól i pieprz do smaku

DLA OPAKOWANIA:
- 2 szklanki kleistej mąki ryżowej
- 1 szklanka wody
- ½ łyżeczki soli

NA SOS:
- ¼ szklanki sosu sojowego
- ¼ szklanki octu ryżowego
- 1 łyżka cukru
- 1 łyżka skrobi kukurydzianej
- ½ szklanki wody

INSTRUKCJE:
a) W misce wymieszaj wszystkie składniki nadzienia i dobrze wymieszaj.
b) W osobnej misce wymieszaj kleistą mąkę ryżową, wodę i sól, aby przygotować ciasto na opakowanie. Ugniataj, aż będzie gładkie.
c) Odrywaj niewielką porcję ciasta i rozpłaszczaj je na dłoni. Na środek nałóż łyżkę nadzienia, zlep brzegi i uformuj kulkę.
d) Powtórzyć proces z pozostałym ciastem i nadzieniem.
e) Gotuj klopsiki w parowarze przez około 25-30 minut, aż będą ugotowane.
f) W czasie gdy klopsiki się gotują, przygotuj sos. W rondlu wymieszaj sos sojowy, ocet ryżowy, cukier, skrobię kukurydzianą i wodę. Dobrze wymieszaj i gotuj na średnim ogniu, aż sos zgęstnieje.
g) Gdy klopsiki będą już ugotowane, wyjmij je z naczynia do gotowania na parze i podawaj na gorąco z sosem.

16. Tajwańskie grzyby popcornowe

SKŁADNIKI:
- 1 funt świeżych grzybów, oczyszczonych i przekrojonych na pół
- ½ szklanki mąki uniwersalnej
- ½ szklanki skrobi kukurydzianej
- 1 łyżeczka proszku do pieczenia
- ½ łyżeczki soli
- ¼ łyżeczki czarnego pieprzu
- 1 szklanka zimnej wody
- Olej roślinny do smażenia
- Sól do posypania (opcjonalnie)

INSTRUKCJE:
a) W misce wymieszaj mąkę uniwersalną, skrobię kukurydzianą, proszek do pieczenia, sól i czarny pieprz.
b) Stopniowo dodawaj zimną wodę do mąki i ubijaj, aż powstanie gładkie ciasto.
c) Rozgrzej olej roślinny na głębokiej patelni lub woku do smażenia.
d) Zanurzaj przekrojone na pół grzyby w cieście, równomiernie je pokrywając.
e) Ostrożnie włóż panierowane grzyby na gorący olej i smaż, aż staną się złotobrązowe i chrupiące.
f) Wyjmij grzyby z oleju za pomocą łyżki cedzakowej lub szczypiec i odsącz na talerzu wyłożonym ręcznikiem papierowym.
g) Jeszcze gorące posyp solą (opcjonalnie).
h) Podawaj tajwańskie grzyby popcornowe jako pyszną przekąskę do ulicznego jedzenia.

17. Tajwański kurczak z popcornem

SKŁADNIKI:
- 1 funt udek z kurczaka bez kości, pokrojonych na kawałki wielkości kęsa
- 2 łyżki sosu sojowego
- 1 łyżka wina Shaoxing (opcjonalnie)
- 1 łyżka proszku pięciu smaków
- 1 łyżka czosnku w proszku
- 1 łyżka proszku cebulowego
- 1 łyżeczka papryki
- ½ łyżeczki białego pieprzu
- ½ łyżeczki soli
- 1 szklanka skrobi ziemniaczanej lub kukurydzianej
- Olej roślinny do smażenia

INSTRUKCJE:
a) W misce zamarynuj kawałki kurczaka w sosie sojowym, winie Shaoxing (jeśli używasz), proszku pięciu przypraw, proszku czosnkowym, proszku cebuli, papryce, białym pieprzu i soli. Dobrze wymieszaj i pozostaw do marynowania na co najmniej 30 minut.
b) Rozgrzej olej roślinny na głębokiej patelni lub w garnku do smażenia.
c) Marynowane kawałki kurczaka posmaruj skrobią ziemniaczaną lub skrobią kukurydzianą, strzepując jej nadmiar.
d) Ostrożnie wrzucaj pokrojone kawałki kurczaka na gorący olej i smaż, aż staną się złotobrązowe i chrupiące.
e) Wyjmij kurczaka z oleju łyżką cedzakową i odsącz na talerzu wyłożonym ręcznikiem papierowym.
f) Podawaj gorące Yan Su Ji / Kiâm-So͘-Ke jako popularną tajwańską przekąskę uliczną.

18. Kulki Taro

SKŁADNIKI:
- 2 szklanki taro, obrane i pokrojone w kostkę
- ½ szklanki kleistej mąki ryżowej
- ¼ szklanki) cukru
- Woda (w razie potrzeby)
- Skrobia z tapioki lub skrobia ziemniaczana (do posypania)

INSTRUKCJE:
a) Kostki taro ugotuj na parze, aż będą miękkie i można je łatwo rozgnieść widelcem.
b) Rozgnieć ugotowane na parze taro na gładką masę.
c) W misce wymieszaj puree taro, mąkę z kleistego ryżu i cukier. Dobrze wymieszaj.
d) Stopniowo, po trochu, dodawaj wodę i ugniataj mieszaninę, aż powstanie miękkie ciasto. Konsystencja powinna być podobna do ciasta drożdżowego.
e) Odrywaj małe kawałki ciasta i formuj z nich małe kulki.
f) Zagotuj garnek wody.
g) Delikatnie wrzucaj kulki taro do wrzącej wody i gotuj, aż wypłyną na powierzchnię.
h) Ugotowane kulki taro wyjmij z wody i przełóż do miski z zimną wodą, aby ostygły i stężały.
i) Odcedź kulki taro i posyp je skrobią z tapioki lub skrobią ziemniaczaną, aby zapobiec sklejaniu się.
j) Podawaj kulki taro jako dodatek do deserów, takich jak kruszony lód lub słodkie zupy.

19. Smażone grzyby

SKŁADNIKI:

- 1 funt świeżych grzybów, oczyszczonych i pokrojonych w plasterki
- ½ szklanki mąki uniwersalnej
- ½ szklanki skrobi kukurydzianej
- 1 łyżeczka proszku do pieczenia
- ½ łyżeczki soli
- ¼ łyżeczki czarnego pieprzu
- 1 szklanka zimnej wody
- Olej roślinny do smażenia
- Sól do posypania (opcjonalnie)

INSTRUKCJE:

a) W misce wymieszaj mąkę uniwersalną, skrobię kukurydzianą, proszek do pieczenia, sól i czarny pieprz.
b) Stopniowo dodawaj zimną wodę do mąki i ubijaj, aż powstanie gładkie ciasto.
c) Rozgrzej olej roślinny na głębokiej patelni lub woku do smażenia.
d) Pokrojone w plasterki pieczarki zanurzamy w cieście, równomiernie je pokrywając.
e) Ostrożnie włóż panierowane grzyby na gorący olej i smaż, aż staną się złotobrązowe i chrupiące.
f) Usmażone grzyby wyjmij z oleju łyżką cedzakową lub szczypcami i odsącz na talerzu wyłożonym ręcznikiem papierowym.
g) Jeszcze gorące posyp solą (opcjonalnie).
h) Podawaj smażone grzyby jako smaczną przekąskę do ulicznego jedzenia.

20.Kalmary z grilla

SKŁADNIKI:
- 2 średniej wielkości kalmary, oczyszczone i wypatroszone
- 2 łyżki sosu sojowego
- 2 łyżki sosu ostrygowego
- 2 łyżki miodu
- 1 łyżka oleju sezamowego
- 1 łyżka posiekanego czosnku
- 1 łyżeczka chili w proszku (opcjonalnie)
- Sól i pieprz do smaku
- Drewniane szpikulce

INSTRUKCJE:
a) Rozgrzej grill lub patelnię grillową na średnim ogniu.
b) Natnij kałamarnicę w kształcie krzyża po obu stronach.
c) W misce wymieszaj sos sojowy, sos ostrygowy, miód, olej sezamowy, posiekany czosnek, chili w proszku (jeśli używasz), sól i pieprz, aby przygotować marynatę.
d) Posmaruj kalmary marynatą, upewniając się, że jest dobrze nią pokryta.
e) Nabij kałamarnicę na drewniane patyczki, wbijając je w ciało i macki.
f) Grilluj kalmary przez około 3-4 minuty z każdej strony, aż będą ugotowane i widoczne ślady grillowania.
g) Zdejmij kalmary z grilla i odstaw je na kilka minut przed podaniem.
h) Grillowaną kałamarnicę pokroić na mniejsze kawałki i podawać na gorąco.

21. Tajwańska mielona wieprzowina i marynowane ogórki

SKŁADNIKI:
- 1 funt (450 g) mielonej wieprzowiny
- 1 szklanka ogórków kiszonych, pokrojonych w cienkie plasterki
- 2 łyżki sosu sojowego
- 1 łyżka sosu hoisin
- 1 łyżka octu ryżowego
- 1 łyżka oleju sezamowego
- 2 ząbki czosnku, posiekane
- 1 łyżeczka imbiru, posiekanego
- ½ łyżeczki cukru
- ¼ łyżeczki czarnego pieprzu
- Olej roślinny do gotowania
- Posiekana zielona cebula (do dekoracji)

INSTRUKCJE:
a) W małej misce wymieszaj sos sojowy, sos hoisin, ocet ryżowy, olej sezamowy, mielony czosnek, mielony imbir, cukier i czarny pieprz. Odłożyć na bok.
b) Rozgrzej olej roślinny na dużej patelni lub woku na średnim ogniu.
c) Dodaj mieloną wieprzowinę na patelnię i smaż, aż się zrumieni i będzie ugotowana.
d) Na patelnię wrzucamy pokrojone w plasterki ogórki kiszone i smażymy około 2 minuty.
e) Powstałą mieszaniną sosu polej wieprzowinę i ogórki. Dobrze wymieszaj, aby połączyć.
f) Gotuj przez kolejne 2-3 minuty, aż smaki dobrze się połączą.
g) Udekoruj posiekaną zieloną cebulą.
h) Podawaj tajwańską mieloną wieprzowinę i marynowane ogórki na gorąco z ryżem gotowanym na parze.

22. Tajwański duszony ryż wieprzowy

SKŁADNIKI:
- 1 funt boczku wieprzowego, pokrojonego w cienkie plasterki
- ¼ szklanki sosu sojowego
- ¼ szklanki ciemnego sosu sojowego
- ¼ szklanki wina ryżowego
- 2 łyżki cukru
- 2 ząbki czosnku, posiekane
- 2-gwiazdkowy anyż
- 1 laska cynamonu
- 1 szklanka wody
- 4 szklanki ugotowanego ryżu jaśminowego
- Jajka na twardo (opcjonalnie)
- Marynowane musztardy (opcjonalnie)
- Posiekana zielona cebula (do dekoracji)

INSTRUKCJE:
a) Na patelni podsmaż plastry boczku wieprzowego, aż będą chrupiące na zewnątrz. Usuń i odłóż na bok.
b) Na tej samej patelni dodaj posiekany czosnek i smaż, aż zacznie wydzielać aromat.
c) Na patelnię dodaj sos sojowy, ciemny sos sojowy, wino ryżowe, cukier, anyż gwiazdkowaty, laskę cynamonu i wodę. Mieszaj do połączenia.
d) Włóż zrumienione plastry boczku wieprzowego na patelnię i zagotuj mieszaninę.
e) Przykryj patelnię i gotuj wieprzowinę w sosie przez około 1-2 godziny, aż będzie miękka, a sos zgęstnieje.
f) Przed podaniem włóż łyżkę ugotowanego ryżu jaśminowego do miski lub talerza.
g) Na ryż połóż duszone plastry boczku wieprzowego i polej je odrobiną sosu.
h) Udekoruj posiekaną zieloną cebulą.
i) Podawaj Lu Rou Fan na gorąco. Jako dodatkowe dodatki możesz dodać jajka na twardo i marynowaną musztardę.

23. Tajwański gulasz z kurczaka w oleju sezamowym

SKŁADNIKI:

- 2 funty kawałków kurczaka (z kością i skórą)
- 3 łyżki oleju sezamowego
- 3 łyżki sosu sojowego
- 3 łyżki wina ryżowego
- 1 łyżka cukru
- 3 ząbki czosnku, posiekane
- 1-calowy kawałek imbiru, pokrojony w plasterki
- 2 szklanki bulionu z kurczaka
- 1 łyżka skrobi kukurydzianej (opcjonalnie, do zagęszczenia)
- Posiekana zielona cebula (do dekoracji)

INSTRUKCJE:

a) Rozgrzej olej sezamowy w dużym garnku lub holenderskim piekarniku na średnim ogniu.
b) Dodać przeciśnięty przez praskę czosnek i pokrojony imbir. Smażyć przez około 1 minutę, aż zacznie pachnieć.
c) Do garnka włóż kawałki kurczaka i obsmaż je ze wszystkich stron.
d) W małej misce wymieszaj sos sojowy, wino ryżowe i cukier. Wlać tę mieszaninę na kurczaka.
e) Dodaj bulion z kurczaka do garnka, przykryj i gotuj na wolnym ogniu przez około 30-40 minut, aż kurczak będzie ugotowany i miękki.
f) W razie potrzeby wymieszaj skrobię kukurydzianą z odrobiną wody, aby uzyskać zawiesinę i dodaj ją do gulaszu, aby zagęścić sos. Dobrze wymieszaj, aby połączyć.
g) Podawaj gorący gulasz z kurczaka w oleju sezamowym, udekorowany posiekaną zieloną cebulą i ryżem gotowanym na parze.

24. Tajwańskie pierogi

SKŁADNIKI:
- 1 opakowanie opakowań na kluski
- ½ funta mielonej wieprzowiny
- ½ szklanki kapusty pekińskiej, drobno posiekanej
- ¼ szklanki zielonej cebuli, drobno posiekanej
- 1 łyżka imbiru, posiekanego
- 2 łyżki sosu sojowego
- 1 łyżka oleju sezamowego
- 1 łyżeczka cukru
- ½ łyżeczki soli
- ¼ łyżeczki czarnego pieprzu

INSTRUKCJE:
a) W misce wymieszaj mieloną wieprzowinę, kapustę pekińską, zieloną cebulę, imbir, sos sojowy, olej sezamowy, cukier, sól i czarny pieprz. Dobrze wymieszaj, aż wszystkie składniki zostaną równomiernie połączone.
b) Weź opakowanie klusek i połóż na środku łyżkę nadzienia wieprzowego.
c) Zanurz palec w wodzie i zwilż krawędzie opakowania.
d) Złóż opakowanie na pół i ściśnij krawędzie, aby złączyć, tworząc kształt półksiężyca.
e) Powtórzyć proces z pozostałymi opakowaniami klusek i nadzieniem.
f) Zagotuj duży garnek wody. Do wrzącej wody wrzucamy kluski i gotujemy około 5-7 minut, aż wypłyną na powierzchnię.
g) Odcedź kluski i podawaj na gorąco z sosem sojowym lub ulubionym sosem.

25. Kurczak w stylu tajwańskim na trzy szklanki

SKŁADNIKI:
- 1 funt (450 g) kurczaka, pokrojonego na kawałki wielkości kęsa
- ¼ szklanki oleju sezamowego
- ¼ szklanki sosu sojowego
- ¼ szklanki wina ryżowego
- 1 łyżka cukru
- 5 ząbków czosnku, posiekanych
- 1-calowy kawałek imbiru, posiekany
- 2 łyżki świeżych liści bazylii

INSTRUKCJE:
a) Rozgrzej olej sezamowy w woku lub dużej patelni na średnim ogniu.
b) Dodaj posiekany czosnek i imbir i smaż mieszając przez około 1 minutę, aż zaczną wydzielać zapach.
c) Dodaj kawałki kurczaka do woka i smaż, aż zrumienią się ze wszystkich stron.
d) W małej misce wymieszaj sos sojowy, wino ryżowe i cukier. Wlać tę mieszaninę na kurczaka.
e) Zmniejsz ogień do małego i pozwól kurczakowi gotować się na wolnym ogniu przez około 20-25 minut, aż sos zgęstnieje, a kurczak będzie ugotowany.
f) Dodaj świeże liście bazylii i dobrze wymieszaj, aby połączyć.

26.Tajwańskie kotlety schabowe

SKŁADNIKI:

- 4 kotlety schabowe
- 2 łyżki sosu sojowego
- 2 łyżki wina ryżowego
- 1 łyżka cukru
- 2 ząbki czosnku, posiekane
- ½ łyżeczki proszku pięciu smaków
- Sól i pieprz do smaku
- Olej roślinny do smażenia

INSTRUKCJE:

a) W misce wymieszaj sos sojowy, wino ryżowe, cukier, zmielony czosnek, proszek pięciu przypraw, sól i pieprz. Dobrze wymieszaj, aby przygotować marynatę.
b) Kotlety schabowe ułożyć w płytkim naczyniu i zalać je marynatą. Upewnij się, że wszystkie strony kotletów wieprzowych są pokryte. Pozwól im marynować przez co najmniej 30 minut.
c) Rozgrzej olej roślinny na patelni lub patelni na średnim ogniu.
d) Smaż marynowane kotlety schabowe przez około 3-4 minuty z każdej strony, aż będą złocistobrązowe i ugotowane.
e) Zdejmij kotlety schabowe z patelni i połóż je na talerzu.
f) Podawaj tajwańskie kotlety wieprzowe na gorąco z ryżem gotowanym na parze lub jako nadzienie do kanapki w stylu tajwańskim.

27. Grillowane na ogniu kostki wołowe

SKŁADNIKI:
- 1 funt polędwicy wołowej lub ribeye, pokrojonej w 1-calową kostkę
- 2 łyżki sosu sojowego
- 2 łyżki sosu ostrygowego
- 2 łyżki miodu
- 2 ząbki czosnku, posiekane
- 1 łyżka oleju roślinnego
- Sól i pieprz do smaku
- Szaszłyki

INSTRUKCJE:
a) W misce wymieszaj sos sojowy, sos ostrygowy, miód, zmielony czosnek, olej roślinny, sól i pieprz, aby przygotować marynatę.
b) Dodaj kostki wołowe do marynaty i wymieszaj, aby równomiernie się nią pokryły. Pozostawić do marynowania na co najmniej 30 minut lub maksymalnie na całą noc w lodówce.
c) Rozgrzej grill lub patelnię grillową na średnim ogniu.
d) Na patyczki do szaszłyków nabijamy kostki marynowanej wołowiny.
e) Grilluj szaszłyki wołowe przez około 2-3 minuty z każdej strony, aż będą ugotowane do pożądanego stopnia wysmażenia.
f) Zdejmij szaszłyki z grilla i odstaw je na kilka minut przed podaniem.
g) Podawaj gorące kostki wołowe z grilla jako pyszną przekąskę do street foodu.

28.Tajwańska miska na ryż z duszoną wieprzowiną

SKŁADNIKI:
- 1 funt (450 g) boczku wieprzowego, pokrojonego na kawałki wielkości kęsa
- 3 łyżki sosu sojowego
- 3 łyżki ciemnego sosu sojowego
- 2 łyżki cukru
- 2 ząbki czosnku, posiekane
- 1-calowy kawałek imbiru, pokrojony w plasterki
- 2-gwiazdkowy anyż
- 1 laska cynamonu
- 2 szklanki wody
- 2 łyżki oleju roślinnego
- Ryż gotowany na parze, do podania
- Posiekana zielona cebula (do dekoracji)

INSTRUKCJE:
a) W misce wymieszaj sos sojowy, ciemny sos sojowy, cukier, przeciśnięty przez praskę czosnek, pokrojony imbir, anyż gwiazdkowaty, laskę cynamonu i wodę. Dobrze wymieszaj, aby przygotować sos duszący.
b) Rozgrzej olej roślinny w dużym garnku lub holenderskim piekarniku na średnim ogniu.
c) Do garnka włóż kawałki boczku wieprzowego i obsmaż je ze wszystkich stron.
d) Sosem duszonym polej wieprzowinę i zagotuj.
e) Zmniejsz ogień do małego i gotuj wieprzowinę pod przykryciem przez około 1,5-2 godziny, aż mięso będzie miękkie, a smaki dobrze nasycone.
f) Od czasu do czasu mieszaj wieprzowinę podczas gotowania i jeśli to konieczne, dodaj więcej wody, aby zapobiec wysuszeniu.
g) Gdy wieprzowina będzie miękka, zdejmij pokrywkę i pozwól, aby sos zgęstniał przez dodatkowe 10-15 minut na małym ogniu.
h) Podawaj tajwańską duszoną wieprzowinę z ryżem gotowanym na parze i udekoruj posiekaną zieloną cebulą.
i) Ciesz się tą aromatyczną i pocieszającą miską ryżu.

29.Tajwańska kiełbasa lepkiego ryżu

SKŁADNIKI:
- 2 szklanki kleistego ryżu (kleisty ryż)
- 4 chińskie kiełbaski (lap cheong)
- 2 łyżki sosu sojowego
- 1 łyżka sosu ostrygowego
- 1 łyżka oleju sezamowego
- 2 ząbki czosnku, posiekane
- 1 łyżka oleju roślinnego
- 2 zielone cebule, posiekane

INSTRUKCJE:
a) Opłucz kleisty ryż i namocz go w wodzie na co najmniej 4 godziny lub na noc. Przed gotowaniem odcedź ryż.
b) W parowarze gotuj kleisty ryż przez około 20-25 minut, aż stanie się miękki i lepki.
c) Podczas gdy ryż się gotuje, ugotuj chińskie kiełbaski. Na patelnię wlej wodę i zagotuj. Dodać kiełbaski i dusić przez 10 minut. Wyjmij z wody i pozwól im ostygnąć.
d) Gdy kiełbaski ostygną, pokrój je ukośnie na cienkie kawałki.
e) Na osobnej patelni rozgrzej olej roślinny na średnim ogniu. Dodaj posiekany czosnek i smaż, aż zacznie pachnieć.
f) Na patelnię wrzucamy ugotowany na parze kleisty ryż i smażymy kilka minut, mieszając.
g) Na patelnię dodaj sos sojowy, sos ostrygowy, olej sezamowy i posiekaną zieloną cebulę. Dobrze wymieszaj, aby pokryć ryż.
h) Dodaj pokrojone kiełbaski na patelnię i kontynuuj smażenie przez kolejne 2-3 minuty, aż wszystko się dobrze połączy.
i) Podawaj gorącą tajwańską kiełbaskę z lepkiego ryżu.

30. Suszona Wieprzowina Po Tajwańsku

SKŁADNIKI:
- 1 funt (450 g) łopatki wieprzowej, pokrojonej w cienkie paski
- ¼ szklanki sosu sojowego
- 2 łyżki ciemnego sosu sojowego
- 2 łyżki wina ryżowego
- 2 łyżki cukru
- 2 ząbki czosnku, posiekane
- 1 łyżeczka proszku pięciu smaków
- ½ łyżeczki czarnego pieprzu
- Olej roślinny do smażenia

INSTRUKCJE:
a) W misce wymieszaj sos sojowy, ciemny sos sojowy, wino ryżowe, cukier, mielony czosnek, proszek pięciu przypraw i czarny pieprz. Dobrze wymieszaj, aby przygotować marynatę.
b) Paski wieprzowe ułóż w płytkim naczyniu i zalej je marynatą. Upewnij się, że wszystkie strony wieprzowiny są pokryte. Pozostawiamy je w marynacie na co najmniej 2 godziny, a najlepiej na całą noc w lodówce.
c) Rozgrzej piekarnik do 165°C (325°F).
d) Wyjmij paski wieprzowe z marynaty i osusz je papierowym ręcznikiem.
e) Rozgrzej olej roślinny na dużej patelni lub woku na średnim ogniu.
f) Smaż marynowane paski wieprzowe partiami, aż będą chrupiące i rumiane z obu stron. Wyjmij je z oleju i odsącz na ręcznikach papierowych.
g) Usmażone paski wieprzowe ułóż na blasze do pieczenia i piecz w nagrzanym piekarniku przez około 20-25 minut, aby były całkowicie ugotowane i chrupiące.
h) Wyjmij z piekarnika i poczekaj, aż szarpana wieprzowina całkowicie ostygnie.

31. Tajwańska bułka ryżowa

SKŁADNIKI:
- 2 szklanki ugotowanego ryżu krótkoziarnistego
- 1 funt (450 g) wybranego białka (wieprzowina, kurczak, wołowina, tofu), pokrojonego w cienkie plasterki
- 2 łyżki sosu sojowego
- 1 łyżka sosu ostrygowego
- 1 łyżka oleju sezamowego
- 1 łyżka oleju roślinnego
- 4 ząbki czosnku, posiekane
- 1 szklanka posiekanej sałaty lub innej sałaty liściastej
- 1 szklanka marchewki w julienne
- 1 szklanka kiełków fasoli
- ½ szklanki posiekanej zielonej cebuli
- Sos Hoisin (do podania)
- Sos Sriracha lub chili (do podania)

INSTRUKCJE:
a) W misce zamarynuj cienkie plasterki białka (wieprzowina, kurczak, wołowina, tofu) w sosie sojowym, sosie ostrygowym i oleju sezamowym. Odstawić na minimum 15 minut.
b) Rozgrzej olej roślinny na patelni lub woku na średnim ogniu.
c) Dodaj posiekany czosnek na patelnię i smaż mieszając przez około 1 minutę, aż zacznie pachnieć.
d) Dodaj marynowane białko na patelnię i gotuj, aż będzie ugotowane i lekko skarmelizowane.
e) Zdejmij białko z patelni i odłóż na bok.
f) Na tej samej patelni dodaj trochę więcej oleju, jeśli to konieczne, i smaż posiekaną sałatę, marchewkę pokrojoną w julienne, kiełki fasoli i posiekaną zieloną cebulę przez kilka minut, aż warzywa będą lekko ugotowane, ale nadal chrupiące.
g) Ugotowany ryż rozłóż na talerzach.
h) Połóż porcję smażonych warzyw i białka na ryżu.
i) Zwiń ryż i nadzienie ciasno, używając kawałka plastikowej folii lub maty do sushi.
j) Zdejmij folię lub matę do sushi i podawaj tajwańską bułkę ryżową z sosem hoisin i sosem sriracha lub chili z boku.

JAPOŃSKIE KOMFORTOWE JEDZENIE

32. Tofu w sosie z czarnego pieprzu

SKŁADNIKI :

- 1 filiżanka. Skrobia kukurydziana
- 1 ½ łyżeczki białego pieprzu
- 16 uncji twardego tofu, doskonale osuszone
- 4 łyżki oleju roślinnego
- 1 łyżeczka soli koszernej
- 2 szalotki, drobno pokrojone
- 3 czerwone papryczki chili, pozbawione nasion i ładnie pokrojone

INSTRUKCJE:

a) Upewnij się, że tofu jest dobrze odsączone i osusz papierowym ręcznikiem. Można przycisnąć do niego ciężką deskę do krojenia, aby wycisnąć cały płyn.
b) Tofu pokroić w drobną, solidną kostkę
c) Wymieszaj skrobię kukurydzianą z białym pieprzem i solą.
d) Wrzuć tofu do mąki, uważając, aby kostki były dobrze przykryte.
e) Umieść je w torbie Ziploc na 2 minuty
f) Wlać olej na patelnię z powłoką nieprzywierającą, gdy będzie gorąca, usmażyć kostki tofu na chrupiącą kostkę
g) Smażymy partiami i
h) Udekoruj pokrojoną w plasterki papryką i szalotką

33. Agedaszi Tofu

SKŁADNIKI:

- Olej smakowy, trzy szklanki
- Skrobia kukurydziana, cztery łyżki
- Sos sojowy, dwie łyżki
- Katsuobishi, jeśli potrzeba
- Tofu, jeden blok
- Mirin, dwie łyżki
- Rzodkiew Daikon, według uznania
- Szalotki, według uznania
- Shichimi Togarashi, garść
- Dashi, jedna filiżanka

INSTRUKCJE:

a) Owiń tofu trzema warstwami ręczników papierowych i połóż na nich kolejny talerz. Odlej wodę z tofu na piętnaście minut.
b) Daikon obrać, zetrzeć na tarce i delikatnie odcisnąć z wody. Pokrój zieloną cebulę w cienkie plasterki.
c) Do małego rondla włóż dashi, sos sojowy i mirin i zagotuj.
d) Wyjmij tofu z ręczników papierowych i pokrój je na osiem części.
e) Tofu posmaruj skrobią ziemniaczaną, pozostawiając nadmiar mąki i od razu smaż w głębokim tłuszczu, aż stanie się jasnobrązowe i chrupiące.
f) Wyjmij tofu i odsącz z nadmiaru oleju na talerzu wyłożonym ręcznikami papierowymi lub drucianą kratką.
g) Przed podaniem włóż tofu do miski i delikatnie polej sosem, nie zwilżając tofu.

34. Sezamowy ryż shiso

SKŁADNIKI :
- 2 kubki. gotowany ryż (krótkoziarnisty)
- 12 liści shiso
- 6 sztuk umeboshi, wypestkowanych i posiekanych
- 2 łyżki nasion sezamu, ładnie uprażonych

INSTRUKCJE:
a) W czystej, głębokiej misce połącz ugotowany ryż, umeboshi, liście shiso i nasiona sezamu.
b) Podawać

35. Japońska sałatka ziemniaczana

SKŁADNIKI :
- 2-funtowe rdzawe ziemniaki. Obrane, ugotowane i zmiksowane
- 3 ogórki. Drobno pokrojone
- ¼ łyżeczki soli morskiej
- 3 łyżeczki octu winnego ryżowego
- 1 łyżka musztardy japońskiej
- 7 łyżek majonezu japońskiego
- 2 marchewki. Podzielone na ćwiartki i pokrojone w cienkie plasterki
- 1 cebula czerwona. Drobno pokrojone

INSTRUKCJE:
a) Pokrojone w plasterki ogórki włóż do miski, posyp solą i odstaw na 12 minut. Odcedź nadmiar wody i osusz ogórki papierowym ręcznikiem
b) W małej misce wymieszaj musztardę, majonez i ocet
c) W innej dużej misce wymieszaj puree ziemniaczane, mieszankę majonezu, ogórki i marchewkę. Dobrze wymieszaj, aby uzyskać równomierną mieszankę

36. Natto

SKŁADNIKI:
- Szalotka, do dekoracji
- Natto, jedna łyżka stołowa
- Sos sojowy, pół łyżeczki
- Saikkyo, półtorej łyżeczki
- Tofu, pół bloku
- Miso, dwie łyżki
- Nasiona Wakame, garść
- Dashi, dwie filiżanki

INSTRUKCJE:
a) W garnku z zupą zagotuj dashi i włóż łyżkę natto do płynu. Dusić przez dwie minuty.
b) Włóż pastę miso do garnka i za pomocą grzbietu łyżki rozpuść pastę w dashi.
c) Dodaj wakame i tofu i gotuj na wolnym ogniu przez 30 sekund dłużej.
d) Udekoruj szczypiorkiem.
e) Natychmiast podawaj.

37.Nasu Dengaku

SKŁADNIKI:
- Japoński bakłażan, trzy
- Olej smakowy, jedna łyżka stołowa
- Sake, dwie łyżki
- Cukier, dwie łyżki
- Miso, cztery łyżki
- Nasiona sezamu według uznania
- Tofu, jeden blok
- Mirin, dwie łyżki
- Rzodkiew Daikon, trzy
- Konnyaku, garść

INSTRUKCJE:
a) W rondelku wymieszaj sake, mirin, cukier i miso.
b) Dobrze wymieszaj, aby połączyć, a następnie doprowadzaj do delikatnego wrzenia na najmniejszym ogniu. Ciągle mieszaj i gotuj przez kilka minut.
c) Owiń tofu dwoma arkuszami ręcznika papierowego i wciśnij tofu pomiędzy dwa talerze przez 30 minut.
d) Ułóż tofu i bakłażany na blasze do pieczenia wyłożonej papierem pergaminowym lub silikonową blachą do pieczenia. Za pomocą pędzla nałóż olej roślinny na górę i dół tofu i bakłażanów.
e) Piec w temperaturze 400 stopni przez dwadzieścia minut lub do momentu, aż bakłażan będzie miękki.
f) Ostrożnie nałóż odrobinę glazury miso na tofu i bakłażany i równomiernie rozprowadź. Smaż przez pięć minut.

38. Patelnia Makaronowa Ramen Ze Stkiem

SKŁADNIKI:
- Cebula, jedna
- Marchew, pół szklanki
- Mielona wołowina, pół funta
- Olej rzepakowy, jedna łyżka stołowa
- Ketchup, dwie łyżki
- Sól i pieprz do smaku
- Skrobia kukurydziana, jedna łyżeczka
- Rosół wołowy, jedna szklanka
- Sake, jedna łyżka stołowa
- Jajko na twardo, jedno
- Sos Worcestershire, jedna łyżka stołowa

INSTRUKCJE:
a) Na dużej patelni, na średnim ogniu, rozgrzej olej.
b) Dodaj stek i smaż do pożądanego zakończenia, około pięciu minut z każdej strony w przypadku średniego mięsa, następnie przenieś go na deskę do krojenia i odstaw na pięć minut, a następnie pokrój.
c) W małej misce wymieszaj sos sojowy, czosnek, sok z limonki, miód i cayenne, aż się połączą i odłóż na bok.
d) Dodaj cebulę, paprykę i brokuły na patelnię i smaż do miękkości, następnie dodaj mieszaninę sosu sojowego i mieszaj, aż całkowicie się nią pokryje.
e) Dodaj ugotowany makaron ramen i stek i mieszaj, aż się połączą.

39. Serowa Ramen Carbonara

SKŁADNIKI:
- Dashi, jedna filiżanka
- Oliwa z oliwek, jedna łyżka stołowa
- Plasterki bekonu, sześć
- Sól, według uznania
- Mielony czosnek, dwa
- Pietruszka, według uznania
- Parmezan, pół szklanki
- Mleko, dwie łyżki
- Jajka, dwa
- Opakowanie Ramen, trzy

INSTRUKCJE:
a) Połącz wszystkie składniki .
b) Makaron ugotować według instrukcji na opakowaniu.
c) Zaoszczędź ćwierć szklanki wody z gotowania, aby w razie potrzeby poluzować sos później. Makaron odcedź i polej oliwą z oliwek, aby się nie sklejał.
d) Rozgrzej średnią patelnię na średnim ogniu. Smaż kawałki boczku, aż będą brązowe i chrupiące. Dodaj makaron na patelnię i wymieszaj z boczkiem, aż makaron pokryje się tłuszczem z bekonu.
e) Jajka ubić widelcem i wymieszać z parmezanem. Na patelnię wlać mieszaninę jajeczno-serową i wymieszać z boczkiem i makaronem.

40. Ramen z czterema składnikami

SKŁADNIKI :
- 1 (3 uncje) opakowanie makaronu ramen o dowolnym smaku
- 2 szklanki wody
- 2 łyżki masła
- 1/4 szklanki mleka

INSTRUKCJE:
a) Postaw garnek na średnim ogniu i napełnij większość wodą. Gotuj, aż zacznie się gotować.
b) Wmieszaj makaron i gotuj przez 4 minuty. wylej wodę i włóż makaron do pustego garnka.
c) Wymieszaj w nim mleko z masłem i mieszanką przypraw. Gotuj je przez 3 do 5 minut na małym ogniu , aż staną się kremowe. Podawać na ciepło. Cieszyć się.

41. Ramenowa lasagne

SKŁADNIKI :
- 2 (3 uncje) opakowania makaronu ramen
- 1 funt mielonej wołowiny
- 3 jajka
- 2 C. tarty ser
- 1 łyżka posiekanej cebuli
- 1 C. sosu do spaghetti

INSTRUKCJE:
a) Zanim cokolwiek zrobisz, rozgrzej piekarnik do 325 F.
b) Postaw dużą patelnię na średnim ogniu. Gotuj w nim wołowinę z 1 opakowaniem przypraw i cebulą przez 10 minut.
c) Przenieś wołowinę do natłuszczonej formy do pieczenia. Ubij jajka i smaż je na tej samej patelni, aż będą gotowe.
d) Na wołowinę połóż 1/2 C. startego sera, a następnie ugotowane jajka i kolejne 1/2 C. sera.
e) Makaron ramen ugotuj według instrukcji na opakowaniu. Odcedź i polej sosem spaghetti.
f) Rozłóż mieszankę na całej warstwie sera. Posyp go pozostałym serem. Gotuj w piekarniku przez 12 minut. podawaj lasagne na ciepło. Cieszyć się.

42. Gorący Ramen z Kotletem Schabowym

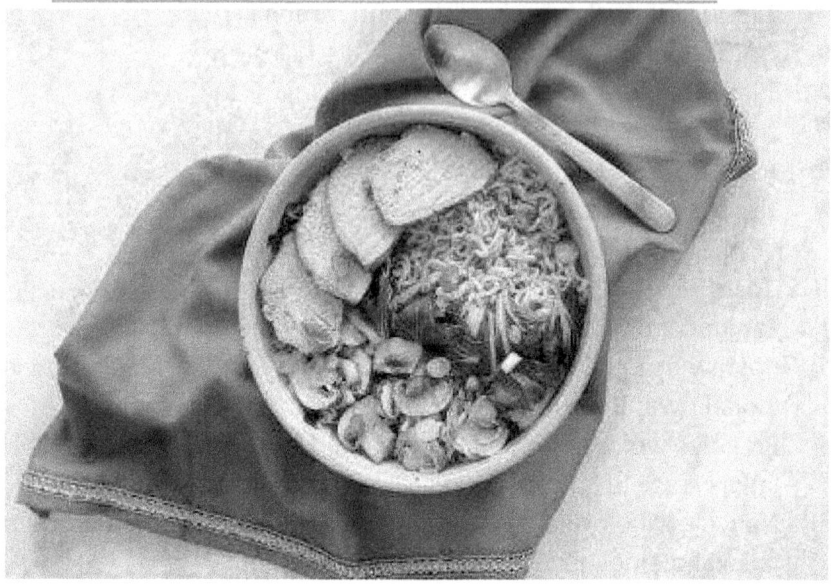

SKŁADNIKI:
- 1-funtowe kotlety wieprzowe
- 4 łyżki chińskiego sosu BBQ
- 3 łyżeczki oleju arachidowego
- 2 szklanki zielonej cebuli, pokrojonej w plasterki
- 2-3 ząbki czosnku, posiekane
- 1 łyżeczka imbiru, posiekanego
- 5 szklanek bulionu z kurczaka
- 3 łyżki sosu sojowego
- 3 łyżki sosu rybnego
- 2 opakowania makaronu ramen, ugotowanego
- 5 sztuk bok choy, poćwiartowanych
- 1 czerwone Chile, pokrojone w plasterki
- 8 jaj
- Olej do gotowania

INSTRUKCJE:
a) Posmaruj kotlety schabowe sosem BBQ i odłóż na 15-20 minut.
b) Rozgrzej odrobinę oleju arachidowego w rondlu na średnim ogniu i podsmaż cebulę, czosnek i imbir, smaż przez 2-3 minuty.
c) Dodać bulion, czosnek, sos sojowy, 2 szklanki wody, sosy rybne, imbir, czerwone chili. Zagotuj i dodaj bok choy. Gotuj przez 2-3 minuty.
d) Zdjąć z ognia. Ustaw stronę.
e) Rozgrzej grill na dużym ogniu.
f) Spryskaj kotlety wieprzowe odrobiną oleju kuchennego i połóż je na rozgrzanym grillu, aż się zarumienią.
g) Przewracamy na drugą stronę i pieczemy 3-4 minuty, a następnie przekładamy na talerz.
h) Rozłóż ramen do 4 misek.
i) Połóż bok choy na makaronie i polej gorącą zupą.
j) Ułożyć kotlety schabowe i udekorować posiekaną cebulą.
k) Na wierzch połóż jajka i liście kolendry.

43.Wieprzowina Miso i Ramen

SKŁADNIKI:
- 2-funtowe kłusaki wieprzowe, pokrojone w 1-calowe okrągłe kształty
- 2 funty kurczaka, bez kości, pokrojonego w paski
- 2 łyżki oleju kuchennego
- 1 cebula, posiekana
- 8-10 ząbków czosnku, posiekanych
- 1-calowy plasterek imbiru, posiekany
- 2 pory, posiekane
- ½ funta szalotki, oddzielonej białej i zielonej części, posiekanej
- 1 szklanka grzybów, pokrojona w plasterki
- 2 funty łopatki wieprzowej, posiekanej
- 1 szklanka pasty miso
- ¼ szklanki shoyu
- ½ łyżki mirinu
- Sól dla smaku

INSTRUKCJE:

a) Przełóż wieprzowinę i kurczaka do garnka i zalej dużą ilością wody, aż będą przykryte. Postaw go na palniku na dużym ogniu i zagotuj. Po zakończeniu zdejmij z ognia.
b) Rozgrzej trochę oleju kuchennego w żeliwie na dużym ogniu i smaż cebulę, czosnek i imbir przez około 15 minut lub do momentu, aż się zrumienią. Odłożyć na bok.
c) Ugotowane kości przełożyć do garnka z warzywami, łopatką wieprzową, porem, białkami szalotki i grzybami. Uzupełnij zimną wodą. Niech gotuje się na dużym ogniu przez 20 minut. Zmniejsz ogień, gotuj na wolnym ogniu i przykryj pokrywką na 3 godziny.
d) Teraz usuń ramię szpatułką. I włóż do pojemnika i wstaw do lodówki. Załóż pokrywkę z powrotem na garnek i gotuj ponownie przez 6 do 8 godzin.
e) Odcedź bulion i usuń substancje stałe. Wymieszaj miso, 3 łyżki shoyu i trochę soli.
f) Pokrój wieprzowinę na kawałki i wymieszaj z shoyu i mirinem. Sezon z solą.
g) Na makaron wlej odrobinę bulionu i posyp spalonym czosnkiem, sezamem i chili. Umieść wieprzowinę w miskach.
h) Na wierzch połóż jajka i inny wybrany produkt.

44. Pieczony kurczak Katsu

SKŁADNIKI:
- Kawałki piersi kurczaka bez kości, jeden funt
- Panko, jedna filiżanka
- Mąka uniwersalna, pół szklanki
- Woda, jedna łyżka
- Jajko, jeden
- Sól i pieprz do smaku
- Sos Tonkatsu według uznania

INSTRUKCJE:
a) Połącz panko z olejem na patelni i smaż na średnim ogniu na złoty kolor. Przełóż panko do płytkiego naczynia i poczekaj, aż ostygnie.
b) Rozłóż pierś kurczaka i przekrój ją na pół. Dopraw solą i pieprzem po obu stronach kurczaka.
c) Do płytkiego naczynia dodaj mąkę, a w innym płytkim naczyniu wymieszaj jajko z wodą.
d) Obtocz każdy kawałek kurczaka w mące i strząśnij nadmiar mąki. Zanurzaj w mieszance jajecznej, a następnie posmaruj prażonym panko, mocno dociskając, aby przylegało do kurczaka.
e) Połóż kawałki kurczaka na przygotowanej blasze do pieczenia na około dwadzieścia minut. Podawaj natychmiast lub przenieś na metalową kratkę, aby spód katsu nie uległ rozmoczeniu pod wpływem wilgoci.

45. Curry z mieloną wołowiną Hayashi

SKŁADNIKI:
- Cebula, jedna
- Marchew, pół szklanki
- Mielona wołowina, pół funta
- Olej rzepakowy, jedna łyżka stołowa
- Ketchup, dwie łyżki
- Sól i pieprz do smaku
- Skrobia kukurydziana, jedna łyżeczka
- Rosół wołowy, jedna szklanka
- Sake, jedna łyżka stołowa
- Jajko na twardo, jedno

INSTRUKCJE:
a) Jajko ugotuj i pokrój na małe kawałki lub rozgnieć widelcem. Dobrze doprawić solą i pieprzem.
b) Rozgrzej olej i dodaj cebulę i marchewkę.
c) Posyp mieloną wołowinę skrobią kukurydzianą i dodaj do warzyw. Dodaj ćwierć szklanki bulionu wołowego i rozdrobnij mieloną wołowinę, mieszając.
d) Dodać bulion wołowy, ketchup, sake i sos Worcestershire.
e) Dobrze wymieszaj i gotuj przez dziesięć minut lub do momentu, aż cały płyn odparuje. Doprawić solą i pieprzem.
f) Na osobnej patelni podsmaż cebulę, aż będzie chrupiąca.

46.Kurczak Teriyaki

SKŁADNIKI:
- Olej sezamowy, jedna łyżeczka
- Brokuły, do podania
- Kochanie, jedna łyżka
- Ketchup, dwie łyżki
- Sól i pieprz do smaku
- Skrobia kukurydziana, jedna łyżeczka
- Ugotowany biały ryż, jedna filiżanka
- Czosnek i imbir, jedna łyżka stołowa
- Jajko na twardo, jedno
- Sos sojowy, jedna łyżka

INSTRUKCJE:
a) W średniej misce wymieszaj sos sojowy, ocet ryżowy, olej, miód, czosnek, imbir i skrobię kukurydzianą.
b) Na dużej patelni, na średnim ogniu, rozgrzej olej. Dodaj kurczaka na patelnię i dopraw solą i pieprzem. Gotuj, aż będzie złocisty i prawie ugotowany.
c) Przykryj kurczaka i gotuj na wolnym ogniu, aż sos lekko zgęstnieje, a kurczak będzie ugotowany.
d) Udekoruj nasionami sezamu i zieloną cebulą.
e) Podawać z ryżem z ugotowanymi brokułami.

47. Japońska miska z łososiem

SKŁADNIKI:
- Sos chili, jedna łyżeczka
- Sos sojowy, jedna łyżeczka
- Ryż, dwie szklanki
- Olej sezamowy, jedna łyżka stołowa
- Imbir, dwie łyżki
- Sól i pieprz do smaku
- Nasiona sezamu, jedna łyżeczka
- Ocet, jedna łyżeczka
- Rozdrobnione nori, według uznania
- Łosoś, pół funta
- Szatkowana kapusta, jedna szklanka

INSTRUKCJE:
a) W dużym garnku umieść ryż, trzy szklanki wody i pół łyżeczki soli, zagotuj i gotuj przez piętnaście minut lub do momentu wchłonięcia wody.
b) W misce umieść ocet, sos sojowy, sos chili, olej sezamowy, nasiona sezamu i imbir i dobrze wymieszaj.
c) Dodaj łososia i delikatnie mieszaj, aż całkowicie się nim pokryje.
d) Do miski włóż posiekaną kapustę i olej sezamowy i mieszaj, aż składniki dobrze się połączą.
e) Do każdej miski włóż dużą łyżkę ryżu, dodaj kapustę i wyciśnij majonez.

48.Kurczak w Garnku/Mizutaki

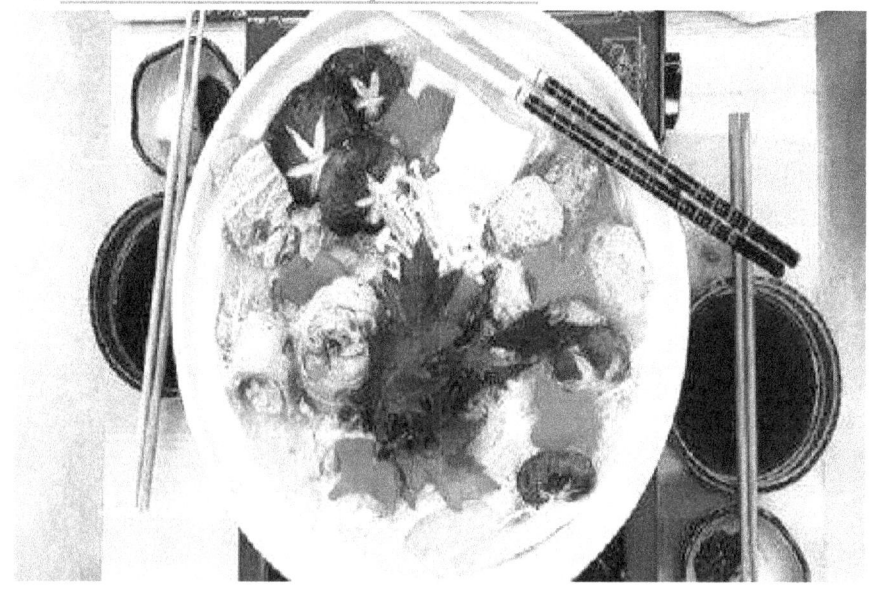

SKŁADNIKI:
- Negi, jeden
- Mizuna, cztery
- Kapusta pekińska, osiem
- Marchew, pół szklanki
- Udka z kurczaka, jeden funt
- Kombu, pół funta
- Sake, jedna łyżeczka
- Imbir, jedna łyżeczka
- Nasiona sezamu według uznania

INSTRUKCJE:
a) Wymieszaj wszystkie składniki.
b) W dużej misce dodaj pięć szklanek wody i kombu, aby przygotować zimny napar Kombu dashi. Odłóż na bok na czas przygotowywania kurczaka.
c) Napełnij średni garnek wodą i dodaj kawałki ud kurczaka ze skórą i kością. Włącz ogrzewanie na średnim poziomie.
d) Do zimnego naparu Kombu dashi dodaj przed chwilą opłukane kawałki udek kurczaka.
e) Dodaj także sake z kawałkami kurczaka i imbir.
f) Doprowadzić do wrzenia na średnim ogniu.
g) Zmniejsz ogień do średniego i gotuj pod przykryciem przez trzydzieści minut. W tym czasie zacznij przygotowywać pozostałe składniki. Po trzydziestu minutach usuń i wyrzuć plasterki imbiru.

49. Japoński imbirowy okoń morski

SKŁADNIKI:
- 2 łyżeczki białej pasty miso
- 6 oz. kawałek okonia morskiego
- 1 ¼ łyżeczki mirinu
- 1 łyżeczka świeżego soku imbirowego
- 1 łyżeczka cukru
- 3 łyżeczki sake

INSTRUKCJE:
a) W czystej, średniej misce połącz wszystkie składniki oprócz sake. Dobrze wymieszaj i odłóż na bok.
b) Umieść kawałek ryby w wymieszanej zawartości, dodaj sake i mieszaj, aż będzie dobrze przykryta
c) Włóż do zamrażarki na 4 godziny
d) Rozgrzej grill i połóż rybę na ruszcie
e) Grilluj, przerzucaj z boku na bok, aż całkowicie się zarumieni i ugotuje.
f) Przełóż bas na talerz i podawaj

50.Japońskie fantazyjne teriyaki

SKŁADNIKI:
- 2 funty łososia
- 3 łyżki posiekanej zielonej cebuli
- 2 łyżki sezamu czarnego i białego
- ½ szklanki oliwy z oliwek z pierwszego tłoczenia
- Sos Teriyaki
- 4 łyżki sosu sojowego
- 1 szklanka mirinu
- 2 ½ szklanki. Cukier

INSTRUKCJE:
a) Przygotuj sos teriyaki, dodaj wszystkie składniki pod nagłówkiem do rondla i gotuj na małym ogniu, aż zgęstnieje. Zdjąć z ognia i ustawić do ostygnięcia
b) Na patelnię z powłoką nieprzywierającą wlej odrobinę oleju i włóż na nią łososia. przykryj patelnię i smaż łososia na umiarkowanym ogniu, aż będzie równomiernie brązowy.
c) Przełóż na talerz i polej sosem teriyaki
d) I udekoruj białymi ziarnami sezamu i posiekaną zieloną cebulą

INDYJSKA KOMFORTOWA JEDZENIE

51.Miska na ryż z kurczakiem Tikka

SKŁADNIKI:
- Jedna filiżanka kawałków kurczaka bez kości
- Dwie szklanki ryżu
- Dwie szklanki wody
- Dwie łyżki czerwonego chili w proszku
- Jedna łyżeczka proszku garam masala
- Jedna łyżka oleju kuchennego
- Dwie łyżki tikka masala
- Sól dla smaku
- Czarny pieprz do smaku
- Dwie łyżki sproszkowanej kolendry
- Jedna łyżeczka kminku w proszku
- Jedna łyżeczka zmiażdżonego czosnku

INSTRUKCJE:
a) Weź patelnię do sosu.
b) Dodaj wodę do garnka.
c) Dodaj ryż i gotuj dobrze przez około dziesięć minut.
d) Weź dużą patelnię.
e) Dodaj posiekany czosnek na patelnię.
f) Dodaj przyprawy na patelnię.
g) Gotuj mieszaninę dobrze przez około dziesięć minut, aż będą upieczone.
h) Dodaj kawałki kurczaka na patelnię.
i) Gotuj składniki dobrze przez około piętnaście minut.
j) Dodaj ryż do miski.
k) Dodaj mieszankę kurczaka tikka na wierzch.
l) Twoje danie jest gotowe do podania.

52.Miska z curry i brązowym ryżem

SKŁADNIKI:
- Pół funta warzyw
- Dwie cebule
- Dwie łyżki oleju rzepakowego
- Jedna filiżanka ugotowanego brązowego ryżu
- Dwie szklanki wody
- Jedna łyżeczka imbiru
- Dwa pomidory
- Cztery ząbki czosnku
- Dwa zielone chilli
- Sól dla smaku
- Jedna łyżeczka czerwonej papryki curry
- Czarny pieprz do smaku
- Jedna łyżeczka liści kolendry
- Pół łyżeczki garam masala
- Jedna łyżeczka nasion czarnej gorczycy
- Jedna łyżeczka nasion kminku

INSTRUKCJE:
a) Weź patelnię i wlej do niej olej.
b) Rozgrzewamy oliwę i wrzucamy na nią cebulę.
c) Smaż cebulę, aż stanie się jasnobrązowa.
d) Na patelnię dodaj nasiona kminku i gorczycy.
e) Dobrze je podsmaż, dodaj sól, pieprz i zielone chilli.
f) Dodaj do niego kurkumę, imbir i ząbki czosnku.
g) Na patelnię dodaj warzywa i czerwoną paprykę curry.
h) Dobrze je wymieszaj i kontynuuj gotowanie przez piętnaście minut.
i) Do miski dodaj brązowy ryż.
j) Dodaj przygotowaną mieszaninę na wierzch.
k) Dodaj liście kolendry i garam masala do dekoracji.
l) Twoje danie jest gotowe do podania.

53. Miska do ryżu serowego

SKŁADNIKI:
- Pół funta mieszanego sera
- Dwie cebule
- Dwie łyżki oleju rzepakowego
- Jedna filiżanka ugotowanego brązowego ryżu
- Dwie szklanki wody
- Jedna łyżeczka imbiru
- Dwa pomidory
- Cztery ząbki czosnku
- Dwa zielone chilli
- Sól dla smaku
- Jedna łyżeczka czerwonej papryki curry
- Czarny pieprz do smaku
- Jedna łyżeczka liści kolendry
- Pół łyżeczki garam masala
- Jedna łyżeczka nasion czarnej gorczycy
- Jedna łyżeczka nasion kminku

INSTRUKCJE:
a) Weź patelnię i wlej do niej olej.
b) Rozgrzewamy oliwę i wrzucamy na nią cebulę.
c) Smaż cebulę, aż stanie się jasnobrązowa.
d) Na patelnię dodaj nasiona kminku i gorczycy.
e) Dobrze je podsmaż, dodaj sól, pieprz i zielone chilli.
f) Dodaj do niego kurkumę, imbir i ząbki czosnku.
g) Na patelnię dodaj ser, ryż i czerwoną papryczkę curry.
h) Dobrze je wymieszaj i kontynuuj gotowanie przez piętnaście minut.
i) Do miski dodaj brązowy ryż.
j) Twoje danie jest gotowe do podania.

54.Miska na ryż z indyjskim curry i baraniną

SKŁADNIKI:
- Pół funta kawałków baraniny
- Dwie cebule
- Dwie łyżki oleju rzepakowego
- Jedna szklanka ugotowanego ryżu
- Dwie szklanki wody
- Jedna łyżeczka imbiru
- Dwa pomidory
- Cztery ząbki czosnku
- Sześć zielonych chilli
- Sól dla smaku
- Jedna łyżeczka czerwonej papryki curry
- Czarny pieprz do smaku
- Jedna łyżeczka liści kolendry
- Pół łyżeczki garam masala
- Jedna łyżeczka nasion czarnej gorczycy
- Jedna łyżeczka nasion kminku

INSTRUKCJE:
a) Weź patelnię i wlej do niej olej.
b) Rozgrzewamy oliwę i wrzucamy na nią cebulę.
c) Smaż cebulę, aż stanie się jasnobrązowa.
d) Na patelnię dodaj nasiona kminku i gorczycy.
e) Dobrze je podsmaż, dodaj sól, pieprz i zielone chilli.
f) Dodaj do niego kurkumę, imbir i ząbki czosnku.
g) Na patelnię dodaj baraninę i czerwoną papryczkę curry.
h) Dobrze je wymieszaj i kontynuuj gotowanie przez piętnaście minut.
i) Dodaj ryż do miski.
j) Dodaj przygotowaną mieszaninę na wierzch.
k) Dodaj liście kolendry i garam masala do dekoracji.
l) Twoje danie jest gotowe do podania.

55. Indyjska miska z kremowym curry

SKŁADNIKI:
- Pół funta warzyw
- Dwie cebule
- Dwie łyżki oleju rzepakowego
- Jedna szklanka ugotowanego ryżu
- Dwie szklanki wody
- Jedna łyżeczka imbiru
- Dwa pomidory
- Cztery ząbki czosnku
- Dwa zielone chilli
- Jedna filiżanka ciężkiej śmietanki
- Sól dla smaku
- Jedna łyżeczka czerwonej papryki curry
- Czarny pieprz do smaku
- Jedna łyżeczka liści kolendry
- Pół łyżeczki garam masala
- Jedna łyżeczka nasion czarnej gorczycy
- Jedna łyżeczka nasion kminku

INSTRUKCJE:
a) Weź patelnię i wlej do niej olej.
b) Rozgrzewamy oliwę i wrzucamy na nią cebulę.
c) Smaż cebulę, aż stanie się jasnobrązowa.
d) Na patelnię dodaj nasiona kminku i gorczycy.
e) Dobrze je podsmaż, dodaj sól, pieprz i zielone chilli.
f) Dodaj do niego kurkumę, imbir i ząbki czosnku.
g) Na patelnię dodaj warzywa, gęstą śmietanę i czerwoną papryczkę curry.
h) Dobrze je wymieszaj i kontynuuj gotowanie przez piętnaście minut.
i) Dodaj ryż do miski.
j) Dodaj przygotowaną mieszaninę na wierzch.
k) Dodaj liście kolendry i garam masala do dekoracji.
l) Twoje danie jest gotowe do podania.

56. Indyjska miska na ryż cytrynowy

SKŁADNIKI:

- Dwie łyżki oleju rzepakowego
- Jedna filiżanka świeżych ziół
- Jedna filiżanka pokrojonych w plasterki cytryn
- Jedna łyżka czerwonego chili w proszku
- Dwie łyżki soku z cytryny
- Jedna łyżeczka pasty czosnkowo-imbirowej
- Jedna łyżeczka płatków chili
- Pół łyżeczki kminku w proszku
- Jedna łyżka sproszkowanej kolendry
- Sól
- Dwie szklanki ugotowanego ryżu

INSTRUKCJE:

a) Weź rondelek i wlej do niego olej.
b) Rozgrzej oliwę, dodaj kawałki cytryny, sól i pieprz.
c) Gotuj kilka minut, aż cytryna stanie się miękka.
d) Dodaj do niego czosnek, imbir i płatki czerwonego chili.
e) Gotuj, aż mieszanina zacznie pachnieć.
f) Dodaj przyprawy do mieszanki i gotuj.
g) Dodaj ryż do dwóch misek.
h) Gotową mieszaninę podziel do dwóch misek.
i) Dodaj świeże zioła na wierzch.
j) Twoje danie jest gotowe do podania.

57. Indyjska miska Buddy z kalafiora

SKŁADNIKI:
- Jedna szklanka różyczek kalafiora
- Dwie filiżanki komosy ryżowej
- Dwie szklanki wody
- Dwie łyżki czerwonego chili w proszku
- Jedna łyżeczka proszku garam masala
- Jedna łyżka oleju kuchennego
- Dwie szklanki szpinaku
- Dwie filiżanki czerwonej papryki
- Pół szklanki prażonych orzechów nerkowca
- Sól dla smaku
- Czarny pieprz do smaku
- Dwie łyżki sproszkowanej kolendry
- Jedna łyżeczka kminku w proszku
- Jedna łyżeczka zmiażdżonego czosnku

INSTRUKCJE:
a) Weź patelnię do sosu.
b) Dodaj wodę do garnka.
c) Dodaj quinoa i gotuj dobrze przez około dziesięć minut.
d) Weź dużą patelnię.
e) Dodaj posiekany czosnek na patelnię.
f) Dodaj przyprawy na patelnię.
g) Gotuj mieszaninę dobrze przez około dziesięć minut, aż będą upieczone.
h) Na patelnię dodaj szpinak, kalafior i paprykę.
i) Gotuj składniki dobrze przez około piętnaście minut.
j) Dodaj quinoę do miski.
k) Na wierzch dodaj kalafior masala.
l) Dodaj prażone orzechy nerkowca na wierzch kalafiora.
m) Twoje danie jest gotowe do podania.

58. Indyjska miska z grillowanej soczewicy

SKŁADNIKI:
- Dwie łyżki oleju rzepakowego
- Jedna filiżanka świeżych ziół
- Jedna łyżka czerwonego chili w proszku
- Dwie filiżanki grillowanej soczewicy
- Jedna łyżeczka pasty czosnkowo-imbirowej
- Jedna łyżeczka płatków chili
- Pół łyżeczki kminku w proszku
- Jedna łyżka sproszkowanej kolendry
- Sól
- Pół szklanki sosu miętowego
- Dwie szklanki ugotowanego ryżu

INSTRUKCJE:
a) Weź rondelek i wlej do niego olej.
b) Rozgrzej olej i dodaj grillowaną soczewicę, sól i pieprz.
c) Dodaj do niego czosnek, imbir i płatki czerwonego chili.
d) Gotuj, aż mieszanina zacznie pachnieć.
e) Dodaj przyprawy do mieszanki i gotuj.
f) Dodaj ryż do dwóch misek.
g) Gotową mieszaninę podziel do dwóch misek.
h) Dodaj świeże zioła i sos miętowy na wierzch.
i) Twoje danie jest gotowe do podania.

CHIŃSKA KOMFORTOWA ŻYWNOŚĆ

59.Smażony kurczak po chińsku z ryżem

SKŁADNIKI:
- Jedna łyżka sosu rybnego
- Jedna łyżka sosu sojowego
- Pół łyżeczki chińskiego pięciu smaków
- Dwie łyżki sosu chili czosnkowego
- Dwa czerwone chilli
- Jedno duże jalapeno
- Pół szklanki pokrojonej zielonej cebuli
- Jedna łyżeczka ziaren białego pieprzu
- Jedna łyżeczka świeżego imbiru
- Pół szklanki świeżych liści kolendry
- Ćwierć listków świeżej bazylii
- Jedna szklanka bulionu z kurczaka
- Jedna łyżeczka mielonej trawy cytrynowej
- Jedna łyżeczka posiekanego czosnku
- Dwie łyżki oleju sezamowego
- Jedno jajko
- Pół szklanki kurczaka
- Dwie filiżanki ugotowanego brązowego ryżu

INSTRUKCJE:

a) Weź woka.
b) Do woka dodaj posiekaną trawę cytrynową, ziarna białego pieprzu, posiekany czosnek, chińską przyprawę pięć przypraw, czerwone chilli, liście bazylii i imbir.
c) Dodaj kawałki kurczaka na patelnię.
d) Smażymy kawałki kurczaka.
e) Dodaj bulion z kurczaka i sosy do mieszanki wok.
f) Gotuj naczynie przez dziesięć minut.
g) Dodaj ugotowany brązowy ryż do mieszanki.
h) Dobrze wymieszaj ryż i gotuj przez pięć minut.
i) Wymieszaj wszystko razem.
j) Do naczynia dodać kolendrę.
k) Ryż wymieszać i smażyć kilka minut.
l) Dodaj ryż do misek.
m) Smaż jajka jedno po drugim.
n) Połóż smażone jajko na wierzchu miski.
o) Twoje danie jest gotowe do podania.

60. Pikantna miska warzywna

SKŁADNIKI:

- Dwie szklanki brązowego ryżu
- Jedna filiżanka sosu sriracha
- Jedna szklanka ogórka
- Dwie łyżki marynowanej rzodkiewki
- Jedna łyżka pieprzu syczuańskiego
- Jedna łyżka octu ryżowego
- Jedna szklanka czerwonej kapusty
- Jedna szklanka kiełków
- Dwie łyżki prażonych orzeszków ziemnych
- Dwie szklanki wody
- Sól dla smaku
- Czarny pieprz do smaku
- Dwie łyżki sosu sojowego
- Jedna łyżeczka zmiażdżonego czosnku

INSTRUKCJE:

a) Weź patelnię do sosu.
b) Dodaj wodę do garnka.
c) Dodaj brązowy ryż i gotuj dobrze przez około dziesięć minut.
d) Warzywa ugotuj na patelni.
e) Na patelnię dodaj pieprz syczuański oraz resztę przypraw i sosu.
f) Dobrze wymieszaj składniki.
g) Podawaj, gdy skończysz.
h) Do miski dodaj brązowy ryż.
i) Dodaj warzywa na wierzch.
j) Twoje danie jest gotowe do podania.

61.Chińska miska z mielonym indykiem

SKŁADNIKI:
- Dwie łyżeczki wina ryżowego
- Jedna łyżeczka cukru pudru
- Ćwierć łyżeczki pieprzu syczuańskiego
- Dwie łyżeczki posiekanego czerwonego chili
- Czarny pieprz
- Sól
- Jedna łyżka posiekanego czosnku
- Jedna łyżka sosu ostrygowego
- Jedna łyżka jasnego sosu sojowego
- Pół szklanki drobno posiekanej cebuli dymki
- Dwie łyżeczki oleju sezamowego
- Cztery łyżeczki ciemnego sosu sojowego
- Dwie szklanki mielonego indyka
- Dwie szklanki ugotowanego ryżu

INSTRUKCJE:
a) Weź dużą patelnię.
b) Na patelni rozgrzewamy oliwę i wrzucamy na nią indyka.
c) Dodaj posiekany czosnek na patelnię.
d) Dodaj wino ryżowe na patelnię.
e) Gotuj mieszaninę dobrze przez około dziesięć minut, aż będą upieczone.
f) Na patelnię dodaj cukier puder, pieprz syczuański, czerwoną papryczkę chili, ciemny sos sojowy, sos ostrygowy, jasny sos sojowy, czarny pieprz i sól.
g) Gotuj składniki dobrze przez około piętnaście minut.
h) Dodaj ryż do dwóch misek.
i) Dodaj ugotowaną mieszankę z indyka na wierzch.
j) Twoje danie jest gotowe do podania.

62. Miski na ryż z mieloną wołowiną

SKŁADNIKI:

- Dwie łyżeczki wina ryżowego
- Jedna łyżeczka cukru pudru
- Ćwierć łyżeczki pieprzu syczuańskiego
- Dwie łyżeczki posiekanego czerwonego chili
- Czarny pieprz
- Sól
- Jedna łyżka posiekanego czosnku
- Jedna łyżka sosu ostrygowego
- Jedna łyżka jasnego sosu sojowego
- Pół szklanki drobno posiekanej cebuli dymki
- Dwie łyżeczki oleju sezamowego
- Cztery łyżeczki ciemnego sosu sojowego
- Dwie szklanki mielonej wołowiny
- Dwie szklanki ugotowanego ryżu

INSTRUKCJE:

a) Weź dużą patelnię.
b) Na patelni rozgrzewamy olej i wrzucamy na niego wołowinę.
c) Dodaj posiekany czosnek na patelnię.
d) Dodaj wino ryżowe na patelnię.
e) Gotuj mieszaninę dobrze przez około dziesięć minut, aż będą upieczone.
f) Na patelnię dodaj cukier puder, pieprz syczuański, czerwoną papryczkę chili, ciemny sos sojowy, sos ostrygowy, jasny sos sojowy, czarny pieprz i sól.
g) Gotuj składniki dobrze przez około piętnaście minut.
h) Dodaj ryż do dwóch misek.
i) Dodaj ugotowaną mieszankę wołową na wierzch.
j) Twoje danie jest gotowe do podania.

63. Chrupiąca miska ryżu

SKŁADNIKI:

- Dwie filiżanki gotowanego brązowego ryżu
- Jedna filiżanka sosu sriracha
- Jedna łyżka tamari
- Jedna łyżka octu ryżowego
- Sól dla smaku
- Czarny pieprz do smaku
- Dwie łyżki sosu sojowego
- Jedna łyżeczka zmiażdżonego czosnku
- Dwie łyżki oleju kuchennego
- Jedna filiżanka chrupiącego sosu ryżowego

INSTRUKCJE:

a) Dodaj olej na patelnię.
b) Dodaj ugotowany ryż na patelnię.
c) Dobrze wymieszaj ryż.
d) Niech stanie się chrupiące.
e) Gotuj przez około dziesięć minut.
f) Weź małą miskę.
g) Do miski dodaj resztę składników.
h) Dobrze wymieszaj składniki.
i) Do miski włóż chrupiący ryż.
j) Polać wierzch przygotowanym sosem.
k) Twoje danie jest gotowe do podania.

64. Miska na pikantny lepki ryż

SKŁADNIKI:
- Jedna łyżka sosu ostrygowego
- Dwie chińskie papryczki chili
- Jedna filiżanka szalotki
- Pół łyżki sosu sojowego
- Dwie łyżeczki mielonego czosnku
- Trzy łyżki oleju kuchennego
- Pół szklanki gorącego sosu
- Dwie szklanki mieszanki warzywnej
- Sól w razie potrzeby
- Posiekana świeża kolendra do dekoracji
- Jedna filiżanka kiełbasy
- Jedna filiżanka gotowanego kleistego ryżu

INSTRUKCJE:
a) Weź dużą patelnię.
b) Wlej olej do smażenia na patelnię i podgrzej go.
c) Na patelnię wrzucamy warzywa i szalotkę, podsmażamy.
d) Dodaj kiełbaski i dobrze gotuj.
e) Dodaj posiekany czosnek na patelnię.
f) Dodaj sos sojowy, sos rybny, chińską papryczkę chili, ostry sos i resztę składników do mieszanki.
g) Gotuj naczynie przez dziesięć minut.
h) Rozłóż składniki.
i) Do misek włóż kleisty ryż.
j) Dodaj przygotowaną mieszaninę na wierzch.
k) Udekoruj miseczki posiekanymi listkami świeżej kolendry.
l) Twoje danie jest gotowe do podania.

65. Miska z wołowiną Hoisin

SKŁADNIKI:
- Dwie szklanki brązowego ryżu
- Jedna szklanka sosu hoisin
- Jedna łyżka pieprzu syczuańskiego
- Jedna łyżka octu ryżowego
- Dwie szklanki pasków wołowych
- Dwie szklanki wody
- Sól dla smaku
- Czarny pieprz do smaku
- Dwie łyżki sosu sojowego
- Jedna łyżeczka zmiażdżonego czosnku

INSTRUKCJE:
a) Weź patelnię do sosu.
b) Dodaj wodę do garnka.
c) Dodaj brązowy ryż i gotuj dobrze przez około dziesięć minut.
d) Usmaż paski wołowe na patelni.
e) Na patelnię dodaj sos hoisin oraz resztę przypraw i sosu.
f) Dobrze wymieszaj składniki.
g) Podawaj, gdy skończysz.
h) Do miski dodaj brązowy ryż.
i) Dodaj mieszankę wołową na wierzch.
j) Twoje danie jest gotowe do podania.

66. Miska na ryż z wieprzowiną i imbirem

SKŁADNIKI:
- Dwie łyżeczki wina ryżowego
- Ćwierć łyżeczki pieprzu syczuańskiego
- Czarny pieprz
- Sól
- Jedna łyżka posiekanego imbiru
- Jedna łyżka sosu ostrygowego
- Jedna łyżka jasnego sosu sojowego
- Dwie łyżeczki oleju sezamowego
- Cztery łyżeczki ciemnego sosu sojowego
- Dwie szklanki mielonej wieprzowiny
- Dwie szklanki ugotowanego ryżu

INSTRUKCJE:
a) Weź dużą patelnię.
b) Na patelni rozgrzewamy olej i wrzucamy na niego wieprzowinę.
c) Dodaj posiekany imbir na patelnię.
d) Dodaj wino ryżowe na patelnię.
e) Gotuj mieszaninę dobrze przez około dziesięć minut, aż będą upieczone.
f) Na patelnię dodaj cukier puder, pieprz syczuański, czerwoną papryczkę chili, ciemny sos sojowy, sos ostrygowy, jasny sos sojowy, czarny pieprz i sól.
g) Gotuj składniki dobrze przez około piętnaście minut.
h) Dodaj ryż do dwóch misek.
i) Dodaj ugotowaną mieszankę wieprzową na wierzch.
j) Twoje danie jest gotowe do podania.

67. Wegańskie Poke Bowl z sosem sezamowym

SKŁADNIKI:

- Jedna filiżanka edamame
- Jedna posiekana marchewka
- Dwie szklanki ryżu
- Dwie filiżanki pokrojonego awokado
- Jedna szklanka sosu sezamowego
- Jedna szklanka ogórka
- Jedna szklanka fioletowej kapusty
- Jedna filiżanka chrupiących kostek tofu
- Dwie łyżki imbiru
- Jedna łyżka octu ryżowego
- Dwie szklanki wody
- Sól dla smaku
- Czarny pieprz do smaku
- Dwie łyżki jasnego sosu sojowego
- Dwie łyżki ciemnego sosu sojowego
- Jedna łyżeczka zmiażdżonego czosnku

INSTRUKCJE:

a) Weź patelnię do sosu.
b) Dodaj wodę do garnka.
c) Dodaj ryż i gotuj dobrze przez około dziesięć minut.
d) Dodać resztę oprócz składników sosu sezamowego do miski.
e) Dobrze wymieszaj składniki.
f) Do miski dodaj brązowy ryż.
g) Na wierzch dodaj warzywa i tofu.
h) Polać wierzch sosem sezamowym.
i) Twoje danie jest gotowe do podania.

68. Miska na ryż z kurczakiem chili

SKŁADNIKI:
- Jedna łyżeczka ziaren białego pieprzu
- Jedna łyżeczka świeżego imbiru
- Jedna łyżka sosu rybnego
- Jedna łyżka sosu sojowego
- Pół łyżeczki chińskiego pięciu smaków
- Dwie łyżki sosu chili czosnkowego
- Jedna filiżanka chińskiego czerwonego chili
- Jedna łyżeczka mielonej trawy cytrynowej
- Jedna łyżeczka posiekanego czosnku
- Dwie łyżeczki oleju sezamowego
- Jedna szklanka kawałków kurczaka
- Dwie szklanki ugotowanego ryżu

INSTRUKCJE:
a) Weź woka.
b) Do woka dodać posiekaną trawę cytrynową, ziarna białego pieprzu, posiekany czosnek, chińską przyprawę pięć przypraw, czerwone chilli, liście bazylii i imbir.
c) Weź patelnię z powłoką nieprzywierającą.
d) Dodaj kurczaka na patelnię.
e) Ugotuj składniki i rozłóż je.
f) Dodaj sosy do mieszanki wok.
g) Gotuj naczynie przez dziesięć minut.
h) Dodaj kurczaka i gotuj przez pięć minut.
i) Wymieszaj w nim resztę składników.
j) Gotuj naczynie przez kolejne pięć minut.
k) Włóż ryż do dwóch misek.
l) Dodaj mieszaninę kurczaka na wierzch.
m) Twoje danie jest gotowe do podania.

69.Miska Buddy z Tofu

SKŁADNIKI:
- Jedna łyżka sosu ostrygowego
- Dwie chińskie papryczki chili
- Jedna łyżka sosu rybnego
- Pół łyżki sosu sojowego
- Dwie łyżeczki mielonego czosnku
- Trzy łyżki oleju jadalnego
- Pół szklanki gorącego sosu
- Dwie szklanki mieszanki warzywnej
- Dwie szklanki kostek tofu
- Sól w razie potrzeby
- Posiekana świeża kolendra do dekoracji
- Dwie szklanki gotowanego ryżu
- Jedna filiżanka prażonych orzeszków ziemnych
- Jedna filiżanka dressingu Buddy

INSTRUKCJE:
a) Weź dużą patelnię.
b) Wlej olej do smażenia na patelnię i podgrzej go.
c) Na patelnię dodaj warzywa i tofu, podsmaż je.
d) Dodaj posiekany czosnek na patelnię.
e) Dodaj sos sojowy, sos rybny, chińską papryczkę chili, ostry sos i resztę składników do mieszanki.
f) Gotuj naczynie przez dziesięć minut i dodaj trochę wody na curry.
g) Rozłóż składniki.
h) Dodaj ryż do misek.
i) Na wierzch dodaj przygotowaną mieszankę i dressing.
j) Udekoruj miseczki posiekanymi listkami świeżej kolendry.
k) Twoje danie jest gotowe do podania.

70.Dana Miska Ryżu

SKŁADNIKI:
- Jedna filiżanka mielonej wieprzowiny
- Jedna łyżka sosu sriracha
- Pół szklanki posiekanego selera
- Pół szklanki pokrojonej zielonej cebuli
- Jedna łyżeczka wina ryżowego
- Jedna łyżeczka świeżego imbiru
- Jedna łyżka sosu sojowego
- Pół łyżeczki chińskiego pięciu smaków
- Pół szklanki świeżych liści kolendry
- Pół szklanki świeżych liści bazylii
- Jedna szklanka bulionu wołowego
- Jedna łyżeczka posiekanego czosnku
- Dwie łyżki oleju roślinnego
- Dwie szklanki gotowanego ryżu

INSTRUKCJE:
a) Weź woka.
b) Dodaj przyprawy do woka.
c) Dodaj bulion wołowy i sosy do mieszanki wok.
d) Gotuj naczynie przez dziesięć minut.
e) Dodaj wieprzowinę do mieszanki.
f) Dobrze wymieszaj wieprzowinę i gotuj przez pięć minut.
g) Składniki dobrze ugotuj i wymieszaj z resztą składników.
h) Zmniejsz temperaturę pieca.
i) Do osobnego garnka dodaj suchy makaron i wodę.
j) Do misek włóż ugotowany ryż.
k) Dodaj ugotowaną mieszaninę na wierzch.
l) Dodaj kolendrę na wierzch.
m) Twoje danie jest gotowe do podania.

71. Miska na ryż z mielonym kurczakiem

SKŁADNIKI:

- Dwie łyżeczki wina ryżowego
- Jedna łyżeczka cukru pudru
- Ćwierć łyżeczki pieprzu syczuańskiego
- Dwie łyżeczki posiekanego czerwonego chili
- Czarny pieprz
- Sól
- Jedna łyżka posiekanego czosnku
- Jedna łyżka sosu ostrygowego
- Jedna łyżka jasnego sosu sojowego
- Pół szklanki drobno posiekanej cebuli dymki
- Dwie łyżeczki oleju sezamowego
- Cztery łyżeczki ciemnego sosu sojowego
- Dwie szklanki mielonego kurczaka
- Dwie szklanki ugotowanego ryżu

INSTRUKCJE:

a) Weź dużą patelnię.
b) Na patelni rozgrzewamy olej i wrzucamy na niego kurczaka.
c) Dodaj posiekany czosnek na patelnię.
d) Dodaj wino ryżowe na patelnię.
e) Gotuj mieszaninę dobrze przez około dziesięć minut, aż będą upieczone.
f) Na patelnię dodaj cukier puder, pieprz syczuański, czerwoną papryczkę chili, ciemny sos sojowy, sos ostrygowy, jasny sos sojowy, czarny pieprz i sól.
g) Gotuj składniki dobrze przez około piętnaście minut.
h) Dodaj ryż do dwóch misek.
i) Dodaj ugotowaną mieszankę kurczaka na wierzch.
j) Twoje danie jest gotowe do podania.

72. Miska z Makaronem Cytrynowym

SKŁADNIKI:
- Jedna szklanka makaronu ryżowego
- Pół szklanki soku z cytryny
- Jedna szklanka cebuli
- Jedna szklanka wody
- Dwie łyżki mielonego czosnku
- Dwie łyżki mielonego imbiru
- Pół szklanki kolendry
- Dwie szklanki warzyw
- Dwie łyżki oliwy z oliwek
- Jedna szklanka bulionu warzywnego
- Jedna szklanka posiekanych pomidorów

INSTRUKCJE:
a) Weź patelnię.
b) Dodajemy olej i cebulę.
c) Smaż cebulę, aż stanie się miękka i pachnąca.
d) Dodajemy posiekany czosnek i imbir.
e) Ugotuj mieszaninę i dodaj do niej pomidory.
f) Dodaj przyprawy.
g) Dodaj do niego makaron ryżowy i sok z cytryny.
h) Dokładnie wymieszaj składniki i przykryj patelnię.
i) Dodać warzywa i resztę składników.
j) Gotuj przez dziesięć minut.
k) Podziel go na dwie miski.
l) Dodaj kolendrę na wierzch.
m) Twoje danie jest gotowe do podania.

73. Miska na ryż z kurczakiem i kurczakiem sojowym i czosnkiem

SKŁADNIKI:
- Dwie łyżeczki wina ryżowego
- Jedna filiżanka soi
- Ćwierć łyżeczki pieprzu syczuańskiego
- Dwie łyżeczki posiekanego czerwonego chili
- Czarny pieprz
- Sól
- Jedna szklanka kawałków kurczaka
- Jedna łyżka posiekanego czosnku
- Dwie łyżki oleju sezamowego
- Cztery łyżeczki ciemnego sosu sojowego
- Dwie szklanki gotowanego ryżu
- Dwie łyżki posiekanej szczypiorku

INSTRUKCJE:
a) Weź dużą patelnię.
b) Rozgrzej olej na patelni.
c) Dodaj posiekany czosnek na patelnię.
d) Dodaj kurczaka, wino ryżowe i soję na patelnię.
e) Gotuj mieszaninę dobrze przez około dziesięć minut, aż będą upieczone.
f) Na patelnię dodaj pieprz syczuański, czerwoną papryczkę chili, ciemny sos sojowy, czarny pieprz i sól.
g) Gotuj składniki dobrze przez około piętnaście minut.
h) Ryż podziel na dwie miski.
i) Dodaj mieszaninę na wierzch.
j) Udekoruj danie posiekaną dymką.
k) Twoje danie jest gotowe do podania.

WIETNAMSKA KOMFORTOWA JEDZENIE

74. Miska na ryż Banh Mi

SKŁADNIKI:
- Dwie szklanki ugotowanego ryżu
- Jedna łyżeczka sosu rybnego
- Jedna szklanka posiekanej kapusty
- Jedna szklanka posiekanej zielonej cebuli
- Dwie łyżki posiekanej kolendry
- Jedna szklanka kawałków polędwicy wieprzowej
- Jedna szklanka marynowanych warzyw
- Dwie łyżki oliwy z oliwek
- Jedna filiżanka majonezu Sriracha
- Sól dla smaku
- Czarny pieprz do smaku

INSTRUKCJE:
a) Weź patelnię.
b) Na patelnię wlej olej.
c) Dodać wieprzowinę, sól i czarny pieprz.
d) Gotuj dobrze przez około dziesięć minut.
e) Podawaj, gdy skończysz.
f) Ryż podziel na dwie miski.
g) Na wierzch dodaj wieprzowinę, marynowane warzywa, majonez sriracha i resztę składników.
h) Udekoruj na wierzchu kolendrą.
i) Twoje danie jest gotowe do podania.

75. Wołowina i chrupiący ryż

SKŁADNIKI:
- Dwie filiżanki gotowanego brązowego ryżu
- Jedna filiżanka sosu sriracha
- Jedna łyżka sosu rybnego
- Jedna filiżanka gotowanych pasków wołowych
- Jedna łyżka octu ryżowego
- Sól dla smaku
- Czarny pieprz do smaku
- Dwie łyżki sosu sojowego
- Jedna łyżeczka zmiażdżonego czosnku
- Dwie łyżki oleju kuchennego

INSTRUKCJE:
a) Dodaj olej na patelni.
b) Dodaj ugotowany ryż na patelnię.
c) Dobrze wymieszaj ryż.
d) Niech stanie się chrupiące.
e) Gotuj przez około dziesięć minut.
f) Do powstałej mieszanki dodać wszystkie sosy i przyprawy.
g) Dobrze wymieszaj składniki.
h) Do miski włóż chrupiący ryż.
i) Dodaj ugotowaną wołowinę na ryż.
j) Twoje danie jest gotowe do podania.

76.Miska z kurczakiem i ryżem Sirarcha

SKŁADNIKI:
- Dwie filiżanki gotowanego brązowego ryżu
- Jedna filiżanka sosu sriracha
- Jedna łyżka sosu rybnego
- Jedna szklanka pasków kurczaka
- Jedna łyżka octu ryżowego
- Sól dla smaku
- Czarny pieprz do smaku
- Dwie łyżki sosu sojowego
- Jedna łyżeczka zmiażdżonego czosnku
- Dwie łyżki oleju kuchennego

INSTRUKCJE:
a) Dodaj olej na patelnię.
b) Dodaj czosnek na patelnię.
c) Dobrze wymieszaj czosnek.
d) Niech stanie się chrupiące.
e) Dodaj kawałki kurczaka.
f) Do powstałej mieszanki dodać wszystkie sosy i przyprawy.
g) Dobrze wymieszaj składniki.
h) Rozłóż ugotowany ryż pomiędzy dwiema miskami.
i) Dodaj ugotowanego kurczaka na ryż.
j) Twoje danie jest gotowe do podania.

77. Miska na makaron z wołowiną i trawą cytrynową

SKŁADNIKI:
- Dwie szklanki makaronu
- Dwie szklanki wody
- Jedna łyżeczka sosu rybnego
- Jedna szklanka cebuli
- Jedna szklanka wody
- Dwie łyżki mielonego czosnku
- Dwie łyżki mielonego imbiru
- Pół szklanki kolendry
- Dwie łyżki suszonej trawy cytrynowej
- Dwie łyżki oliwy z oliwek
- Jedna szklanka bulionu wołowego
- Jedna filiżanka pasków wołowych
- Jedna szklanka posiekanych pomidorów

INSTRUKCJE:
a) Weź patelnię.
b) Dodajemy olej i cebulę.
c) Smaż cebulę, aż stanie się miękka i pachnąca.
d) Dodajemy posiekany czosnek i imbir.
e) Ugotuj mieszaninę i dodaj do niej pomidory.
f) Dodaj przyprawy.
g) Dodaj do niego paski wołowe, bulion wołowy i sos rybny.
h) Dokładnie wymieszaj składniki i przykryj patelnię.
i) Gotuj przez dziesięć minut.
j) Weź patelnię do sosu.
k) Dodaj wodę do garnka.
l) Dodaj makaron i gotuj dobrze przez około dziesięć minut.
m) Makaron podzielić na dwie miski.
n) Dodaj mieszankę wołową i kolendrę na wierzch.
o) Twoje danie jest gotowe do podania.

78.Glazurowana miska na ryż z kurczakiem

SKŁADNIKI:
- Dwie łyżeczki wina ryżowego
- Ćwierć łyżeczki sosu rybnego
- Czarny pieprz
- Sól
- Jedna łyżka posiekanego imbiru
- Jedna łyżka sosu ostrygowego
- Jedna łyżka jasnego sosu sojowego
- Pół szklanki drobno posiekanej cebuli dymki
- Dwie łyżeczki oleju sezamowego
- Cztery łyżeczki ciemnego sosu sojowego
- Dwie szklanki glazurowanych kawałków kurczaka
- Dwie szklanki ugotowanego ryżu

INSTRUKCJE:
a) Weź dużą patelnię.
b) Dodaj posiekany imbir na patelnię.
c) Dodaj wino ryżowe na patelnię.
d) Gotuj mieszaninę dobrze przez około dziesięć minut, aż będą upieczone.
e) Na patelnię dodaj sos rybny, ciemny sojowy, sos ostrygowy, jasny sos sojowy, czarny pieprz i sól.
f) Gotuj składniki dobrze przez około piętnaście minut.
g) Dodaj ryż do dwóch misek.
h) Dodaj ugotowaną mieszaninę na wierzch.
i) Na wierzch dodaj glazurowane kawałki kurczaka.
j) Twoje danie jest gotowe do podania.

79. Wermiszel z krewetkami czosnkowymi

SKŁADNIKI:
- Jedna szklanka wermiszelu ryżowego
- Jedna łyżeczka sosu rybnego
- Jedna szklanka cebuli
- Jedna szklanka wody
- Dwie łyżki mielonego czosnku
- Dwie łyżki mielonego imbiru
- Pół szklanki kolendry
- Dwie łyżki oleju kuchennego
- Jedna szklanka kawałków krewetek
- Jedna szklanka bulionu warzywnego
- Jedna szklanka posiekanych pomidorów

INSTRUKCJE:
a) Weź patelnię.
b) Dodajemy olej i cebulę.
c) Smaż cebulę, aż stanie się miękka i pachnąca.
d) Dodajemy posiekany czosnek i imbir.
e) Ugotuj mieszaninę i dodaj do niej pomidory.
f) Dodaj przyprawy.
g) Dodaj do niego kawałki krewetek.
h) Dokładnie wymieszaj składniki i przykryj patelnię.
i) Dodać wermiszel ryżowy, sos rybny i resztę składników.
j) Gotuj przez dziesięć minut.
k) Podziel go na dwie miski.
l) Dodaj kolendrę na wierzch.
m) Twoje danie jest gotowe do podania.

80. Miska z makaronem i kluskami z kurczaka

SKŁADNIKI:
- Jedna łyżka jasnego sosu sojowego
- Pół szklanki drobno posiekanej cebuli dymki
- Dwie łyżeczki oleju sezamowego
- Cztery łyżeczki ciemnego sosu sojowego
- Dwie szklanki gotowanych na parze klusek z kurczakiem
- Dwie szklanki ugotowanego makaronu
- Dwie łyżeczki wina ryżowego
- Ćwierć łyżeczki sosu rybnego
- Czarny pieprz
- Sól
- Jedna łyżka posiekanego imbiru
- Jedna łyżka sosu ostrygowego

INSTRUKCJE:
a) Weź dużą patelnię.
b) Dodaj posiekany imbir na patelnię.
c) Dodaj wino ryżowe na patelnię.
d) Gotuj mieszaninę dobrze przez około dziesięć minut, aż będą upieczone.
e) Na patelnię dodaj sos rybny, ciemny sos sojowy, sos ostrygowy, jasny sos sojowy, czarny pieprz i sól.
f) Gotuj składniki dobrze przez około piętnaście minut.
g) Do dwóch misek dodać makaron.
h) Dodaj ugotowaną mieszaninę na wierzch.
i) Na wierzch dodaj kluski z kurczakiem.
j) Twoje danie jest gotowe do podania.

81. Miska z ryżem i kurczakiem

SKŁADNIKI:
- Dwie łyżki mielonego czosnku
- Dwie łyżki mielonego imbiru
- Pół szklanki kolendry
- Dwie łyżki oleju kuchennego
- Jedna szklanka bulionu z kurczaka
- Jedna szklanka kawałków kurczaka
- Jedna szklanka posiekanych pomidorów
- Dwie szklanki ryżu
- Dwie szklanki wody
- Jedna łyżeczka sosu rybnego
- Jedna szklanka cebuli
- Jedna szklanka wody

INSTRUKCJE:
a) Weź patelnię.
b) Dodajemy olej i cebulę.
c) Smaż cebulę, aż stanie się miękka i pachnąca.
d) Dodajemy posiekany czosnek i imbir.
e) Ugotuj mieszaninę i dodaj do niej pomidory.
f) Dodaj przyprawy.
g) Dodaj do niego kawałki kurczaka, bulion z kurczaka i sos rybny.
h) Dokładnie wymieszaj składniki i przykryj patelnię.
i) Gotuj przez dziesięć minut.
j) Weź patelnię do sosu.
k) Dodaj wodę do garnka.
l) Dodaj ryż i gotuj dobrze przez około dziesięć minut.
m) Ryż podziel na dwie miski.
n) Dodaj mieszankę z kurczakiem i kolendrą na wierzch.
o) Twoje danie jest gotowe do podania.

82. miska na ryż z wołowiną

SKŁADNIKI:
- Pół szklanki kolendry
- Dwie łyżki czerwonej papryczki chili
- Dwie łyżki oliwy z oliwek
- Jedna szklanka bulionu wołowego
- Jedna filiżanka pasków wołowych
- Jedna szklanka posiekanych pomidorów
- Dwie szklanki brązowego ryżu
- Dwie szklanki wody
- Jedna łyżeczka sosu rybnego
- Jedna szklanka cebuli
- Jedna szklanka wody
- Dwie łyżki mielonego czosnku
- Dwie łyżki mielonego imbiru

INSTRUKCJE:
a) Weź patelnię.
b) Dodajemy olej i cebulę.
c) Smaż cebulę, aż stanie się miękka i pachnąca.
d) Dodajemy posiekany czosnek i imbir.
e) Ugotuj mieszaninę i dodaj do niej pomidory.
f) Dodaj przyprawy.
g) Dodaj do niego paski wołowe, czerwoną papryczkę chili, bulion wołowy i sos rybny.
h) Dokładnie wymieszaj składniki i przykryj patelnię.
i) Gotuj przez dziesięć minut.
j) Weź patelnię do sosu.
k) Dodaj wodę do garnka.
l) Dodaj brązowy ryż i gotuj dobrze przez około dziesięć minut.
m) Podziel brązowy ryż na dwie miski.
n) Dodaj mieszankę wołową i kolendrę na wierzch.
o) Twoje danie jest gotowe do podania.

83. Miska z Karmelizowanym Kurczakiem

SKŁADNIKI:
- Pół szklanki drobno posiekanej cebuli dymki
- Dwie łyżeczki oleju sezamowego
- Cztery łyżeczki ciemnego sosu sojowego
- Dwie szklanki gotowanych kawałków kurczaka
- Dwie łyżki cukru
- Dwie szklanki ugotowanego ryżu
- Dwie łyżeczki wina ryżowego
- Ćwierć łyżeczki sosu rybnego
- Czarny pieprz
- Sól
- Jedna łyżka posiekanego imbiru
- Jedna łyżka sosu ostrygowego
- Jedna łyżka jasnego sosu sojowego

INSTRUKCJE:
a) Weź dużą patelnię.
b) Dodaj posiekany imbir na patelnię.
c) Dodaj wino ryżowe na patelnię.
d) Gotuj mieszaninę dobrze przez około dziesięć minut, aż będą upieczone.
e) Na patelnię dodaj sos rybny, ciemny sos sojowy, sos ostrygowy, jasny sos sojowy, czarny pieprz i sól.
f) Gotuj składniki dobrze przez około piętnaście minut.
g) Podawaj, gdy skończysz.
h) Do rondelka wsyp cukier i poczekaj, aż się rozpuści.
i) Dodaj ugotowane kawałki kurczaka i dobrze wymieszaj.
j) Gotuj przez pięć minut.
k) Dodaj ryż do dwóch misek.
l) Dodaj ugotowaną mieszaninę na wierzch.
m) Na wierzch dodaj karmelizowanego kurczaka.
n) Twoje danie jest gotowe do podania.

TAJSKA KOMFORTOWA JEDZENIE

84. Tajskie curry z kalafiora orzechowo-kokosowego i ciecierzycy

SKŁADNIKI:

- Olej kokosowy: ½ łyżki
- Ząbki czosnku: 3, posiekane
- Świeży imbir: 1 łyżka stołowa, starta
- Duża marchewka: 1, pokrojona w cienkie plasterki
- Kalafior: 1 mała główka (3-4 szklanki)
- Zielona cebula: 1 pęczek, pokrojony w kostkę
- Mleko kokosowe: 1 puszka (lite) (15 uncji)
- Bulion wegetariański lub woda: 1/3 szklanki
- Pasta curry czerwona: 2 łyżki
- Masło orzechowe (lub masło z nerkowców): 2 łyżki
- Bezglutenowy sos sojowy lub aminokwasy kokosowe: ½ łyżki
- Mielona kurkuma: ½ łyżeczki
- mielony czerwony pieprz cayenne: ½ łyżeczki
- Sól: ½ łyżeczki
- Papryka czerwona: 1 (julienne)
- Ciecierzyca: 1 puszka (15 uncji) (wypłukana i odsączona)
- Mrożony groszek: ½ szklanki
- Dekorować:
- Świeża kolendra
- Zielona cebula
- Orzeszki ziemne lub nerkowce, posiekane

INSTRUKCJE:

a) Podgrzej duży garnek. Smaż olej kokosowy, czosnek i imbir przez 30 sekund, a następnie dodaj zieloną cebulę, marchewkę i różyczki kalafiora.
b) Następnie wymieszaj mleko kokosowe, sos sojowy/aminy kokosowe, wodę, kurkumę, masło orzechowe, czerwoną paprykę cayenne, pastę curry i sól.
c) Następnie dodaj paprykę i ciecierzycę i gotuj przez 10 minut.
d) Dodaj mrożony groszek i gotuj przez kolejną minutę.
e) Dodaj posiekane orzeszki ziemne/nerkowce, zieloną cebulę i kolendrę do dekoracji.

85. Smażona Cukinia I Jajko

SKŁADNIKI:
- Cukinia: 1, obrana i pokrojona w kostkę
- Jajka: 2
- Woda: 2 łyżki
- Sos sojowy: 1 łyżka
- Sos ostrygowy: ½ łyżki
- Drobno posiekany czosnek: 2 ząbki
- Cukier: ½ łyżki

INSTRUKCJE:
a) W woku rozgrzej na dużym ogniu 2 łyżki oleju kuchennego.
b) Dodać posiekane ząbki czosnku i smażyć około 15 sekund.
c) Dodać 1 obraną i pokrojoną w kostkę cukinię i smażyć razem z czosnkiem przez 1 minutę.
d) Przesuń cukinię na jedną stronę woka i wbij 2 jajka na czystą stronę. Jajecznicę przez kilka sekund przed połączeniem z cukinią.
e) W woku wymieszaj ½ łyżki cukru, 1 łyżkę sosu sojowego, ½ łyżki sosu ostrygowego i 2 łyżki wody.
f) Smaż, mieszając, przez kolejne 2 do 3 minut lub do czasu, aż cukinia zmięknie i wchłonie smak sosu. Następnie podawaj z dodatkiem gotowanego na parze ryżu.

86. Wegetariański pad thai

SKŁADNIKI:
DLA PAD THAI:
- Szeroki makaron ryżowy: 200 gramów (7 uncji)
- Olej arachidowy: 2 łyżki
- Dymka: 2, pokrojone w plasterki
- Ząbki czosnku: 1-2 (drobno pokrojone)
- Ostre czerwone chili: 1 (drobno pokrojone)
- Małe brokuły: ½ (podzielone na różyczki)
- Czerwona papryka: 1 (drobno pokrojona)
- Marchewki: 2 (pokrojone we wstążki za pomocą obieraczki)
- Prażone i niesolone orzeszki ziemne: ¼ szklanki (30 gramów, pokruszone)
- Świeża kolendra: 1 garść (do dekoracji)
- Limonka: 1 do podania

NA SOS:
- Bezglutenowy sos sojowy: 5 łyżek
- Syrop klonowy: 2-3 łyżki (dostosuj do smaku)

INSTRUKCJE:
a) Makaron ryżowy ugotuj, odcedź i dodaj odrobinę oleju, żeby się nie sklejały, i odłóż na bok.
b) Na patelni rozgrzać 1 łyżkę oleju.
c) Dodaj dymkę, czosnek i chili i kontynuuj mieszanie, aż zacznie wydzielać zapach.
d) Umieścić w osobnej misce do serwowania.
e) Na tym samym woku/patelni rozgrzej kolejną łyżkę oleju i smaż brokuły przez około 2 minuty.
f) Mieszaj wstążki czerwonej papryki i marchewki, aż będą ugotowane, ale nadal chrupiące.
g) Wszystkie warzywa umieść w osobnej misce.
h) W małej filiżance wymieszaj wszystkie składniki sosu i wlać sos na dno woka/patelni.
i) Dodać makaron i wymieszać z sosem. Dodaj cebulę dymkę, chili, czosnek i smażone warzywa i poczekaj, aż się rozgrzeje przez minutę lub 2.
j) Podawać na talerzach z pokruszonymi orzeszkami ziemnymi, świeżą kolendrą i sokiem z limonki, według uznania.

87. Tłuczone Ziemniaki Z Chile Po Tajsku

SKŁADNIKI:
- Oliwa z oliwek: 4 łyżki
- Małe nowe ziemniaki lub złote ziemniaki z Jukonu: 2 funty soli koszernej
- Sos rybny: 2 łyżki
- Sok z limonki: 2 łyżki
- Ocet ryżowy: 2 łyżki
- Mielone chile Fresno lub serrano: 1 łyżka stołowa lub czerwona-
- płatki pieprzu: ½ łyżeczki (plus więcej do smaku)
- Sos sojowy lub tamari: 1 łyżeczka
- Cukier granulowany: 1 łyżeczka
- Ząbek czosnku: 1, starty
- Grubo posiekana świeża kolendra: ¼ szklanki
- Cienko pokrojone szalotki: ¼ szklanki (biała i zielona część)

INSTRUKCJE:
a) Rozgrzej piekarnik do 450 stopni Fahrenheita.
b) Posmaruj całą blachę 1 łyżką oliwy z oliwek.
c) W dużym garnku ugotuj ziemniaki z dodatkiem 1 cala i 2 łyżek soli.
d) Kontynuuj gotowanie bez przykrycia przez 15 do 18 minut lub do momentu, aż ziemniaki będą miękkie jak widelec. Ugotowane ziemniaki odcedź na durszlaku.
e) W międzyczasie w małej filiżance wymieszaj sos rybny, sos sojowy, sok z limonki, chili, ocet ryżowy, cukier i czosnek, następnie dodaj szalotkę i kolendrę.
f) Połóż ziemniaki na przygotowanej blasze.
g) Delikatnie rozbij każdy ziemniak dnem miarki, aż uzyska grubość około ½ cala. Skrop ziemniaki pozostałymi 3 łyżkami oliwy z oliwek i obróć, aby równomiernie pokryły się obie strony.
h) Piecz przez 30 do 40 minut, aż uzyskasz złocisty kolor i chrupkość, po doprawieniu ½ łyżeczki soli.
i) Ziemniaki ułożyć na półmisku, lekko doprawić solą i polać sosem. Podawać natychmiast, udekorowane listkami kolendry.

88. Pad tajski z dynią spaghetti

SKŁADNIKI:
NA SOS:
- Tamari/sos sojowy: 3 łyżki
- Słodki sos chili: 3 łyżki
- Ocet winny ryżowy: 1 łyżka stołowa

DLA PAD THAI:
- Dynia spaghetti: 1 średnia
- Oliwa z oliwek z pierwszego tłoczenia: (do skropienia)
- Sól morska: (do przyprawienia)
- Olej z prażonych orzeszków ziemnych: 2 łyżki
- Bardzo twarde tofu: 14 uncji (odsączone, sprasowane i pokrojone w kostkę)
- Skrobia kukurydziana: 2 łyżki
- Brokuły: 1 mała główka (same różyczki i posiekane)
- Szalotka: 5, pokrojona w plasterki
- Ząbki czosnku: 3 średnie, posiekane
- Kiełki fasoli: 1 czubata filiżanka

DO SERWOWANIA:
- Sriracha
- Prażone orzeszki ziemne: (rozdrobnione)
- Ćwiartki limonki
- Świeża kolendra, posiekana

INSTRUKCJE:
a) Rozgrzej piekarnik do 400 stopni Fahrenheita.
b) Wyskrob nasiona z dyni spaghetti, przecinając ją wzdłuż na pół. Skropić oliwą z oliwek, doprawić solą i ułożyć przecięciem do góry na blasze do pieczenia.
c) Piec przez 1 godzinę lub do miękkości widelca. Odlej pozostały płyn, a następnie widelcem zeskrob dynię spaghetti na pasma. Odłóż ją na bok.
d) W międzyczasie przygotuj sos: W małej misce połącz wszystkie składniki i wymieszaj. Odłożyć na bok.
e) Na średnim ogniu rozgrzej dużą patelnię. W misce wymieszaj tofu ze skrobią kukurydzianą. Smażyć tofu na patelni z olejem arachidowym na złoty kolor.
f) Dodaj brokuły i gotuj przez 3 minuty.
g) Połącz kiełki fasoli, szalotkę, dynię spaghetti i czosnek w dużej misce.
h) Wymieszaj sos, aby równomiernie pokrył makaron.
i) Podawać z cząstkami limonki, orzeszkami ziemnymi, srirachą i kolendrą.

89.Kluski Na Parze Z Grzybami Shiitake

SKŁADNIKI:
- Opakowania na kluski: 1 opakowanie (okrągłe i mrożone)
- Liść bananowca: 1

DO WYPEŁNIENIA:
- Grzyby Shitake: 3 szklanki (świeże i pokrojone)
- Tofu: 1 szklanka (pokrojona w kostkę, średnio twarda)
- Galangal: 1-2-calowy kawałek (lub plasterki imbiru)
- Czosnek: 3-4 ząbki
- Dymka: 2, pokrojone w plasterki
- Kolendra: ½ szklanki (liście i łodygi) (świeże i posiekane)
- Pieprz biały: ¼ łyżeczki
- Sos sojowy: 3 łyżki
- Olej sezamowy: 2 łyżki
- Sos chili: 1 łyżeczka (lub więcej, jeśli wolisz ostre)
- Wegetariański bulion z kurczaka/warzywa: ¼ szklanki

NA PIEROGI:
- Skrobia kukurydziana/mąka: 1-2 łyżki
- Sos sojowy: do dekoracji

INSTRUKCJE:

a) Odczekaj co najmniej 30 minut, aż liść bananowca się rozmrozi.
b) Naczynie do gotowania na parze wyłóż 1 lub 2 warstwami liści bananów.
c) W robocie kuchennym połącz wszystkie składniki nadzienia i rozdrobnij je, aż zostaną bardzo drobno posiekane, ale nie na pastę.
d) Umieść jednocześnie 6 opakowań klusek na czystej powierzchni roboczej. Przygotuj także małą miskę z wodą do zapieczętowania klusek.
e) Na środku każdego opakowania umieść 1 łyżeczkę nadzienia.
f) Następnie zwilż zewnętrzną stronę opakowania palcami (lub pędzlem cukierniczym) zamoczonymi w wodzie.
g) Aby zamknąć opakowanie, unieś boki nad nadzieniem i dociśnij do siebie. Aby wykonać ozdobną krawędź, ściśnij wzdłuż szwu.
h) Natychmiast ugotować kluski na parze lub przykryć i schłodzić do 3 godzin.
i) Ugotuj kluski na parze, włóż je do naczynia do gotowania na parze wyłożonego liśćmi bananowca (mogą dotykać) i gotuj na parze przez 15 do 20 minut, aż grzyby będą ugotowane.
j) Przed podaniem wymieszaj z sosem sojowym i sosem chili.

90.Tajskie Tofu Satay

SKŁADNIKI:
SZATAJ
- Twarde Tofu: 14 uncji (mrożone i rozmrażane)
- Pełnotłuste mleko kokosowe: ¼ szklanki
- Ząbki czosnku: 3, posiekane
- Imbir: 2 łyżeczki, starty
- Pasta curry: 1 łyżka
- Syrop Klonowy: 1 łyżka stołowa
- Sos sojowy o niskiej zawartości sodu: 2 łyżki
- Szaszłyki bambusowe: dziesięć
- Kolendra: do smaku
- Limonka: do smaku
- Orzeszki ziemne: do dekoracji, posiekane

SOS ORZECHOWY
- Kremowe masło orzechowe: ¼ szklanki
- Ciepła woda: 2 łyżki
- Pasta curry: 1 łyżka
- Syrop Klonowy: 1 łyżka stołowa
- Sos sojowy: ½ łyżki
- Ocet ryżowy: ½ łyżki
- Sok z limonki: 1 łyżka stołowa
- Czosnek: ½ łyżeczki, posiekany
- Olej sezamowy: ½ łyżeczki
- Sriracha: ½ łyżki

INSTRUKCJE:

a) W misce wymieszaj składniki marynaty, następnie dodaj rozmrożone tofu i delikatnie mieszaj, aby przykryć wszystkie kawałki.
b) Rozgrzej piekarnik do 400 stopni Fahrenheita. Marynowane tofu rwiemy na małe kawałki i nabijamy na patyczki do szaszłyków.
c) Piec przez 30-35 minut na blasze wyłożonej pergaminem, przewracając na drugą stronę.
d) Na koniec włącz grill na 4-5 minut, aby szaszłyki się zarumieniły i wyrosły zwęglone brzegi (nie przypalaj!).
e) W małej filiżance wymieszaj wszystkie składniki sosu orzechowego na gładką masę.
f) Podawać satay polane sosem i udekorowane mieloną kolendrą i orzeszkami ziemnymi.

91. Tajski Makaron Smażony Z Warzywami

SKŁADNIKI:
- Makaron pszenny po chińsku: 5-8 uncji (lub makaron jajeczny)
- Olej roślinny: 2-3 łyżki (do smażenia)
- Ząbki czosnku: 4, posiekane
- Galangal/imbir: 2-3 łyżki, starty
- Szalotka/fioletowa cebula: ¼ szklanki, posiekana
- Marchew: 1, pokrojona w plasterki
- Grzyby shiitake: 5-8, pokrojone w plasterki
- Brokuły: 1 mała główka (pokrojona na różyczki)
- Czerwona papryka: 1 mała, pokrojona w plasterki
- Kiełki fasoli: 2 szklanki
- Do dekoracji: świeża kolendra/bazylia
- Sos do smażenia:
- Świeży sok z limonki: 3 łyżki (lub więcej do smaku)
- Sos sojowy: 3 łyżki (lub więcej do smaku)
- Sos rybny: 1 łyżka (lub więcej do smaku)
- Ocet ryżowy: 3 łyżki (lub ocet z białego wina)
- Sos ostrygowy: 3 łyżki
- Łyżeczki cukru: 1 i ½-2 łyżeczki (lub więcej do smaku)
- Pieprz biały: ¼ łyżki
- Suszone, mielone chili: ½ - ¾ łyżeczki (lub więcej do smaku)

INSTRUKCJE:

a) Makaron ugotować al dente w lekko osolonej wodzie, odcedzić i przelać zimną wodą.
b) W filiżance wymieszaj wszystkie składniki sosu stir-fry, dobrze mieszając, aby rozpuścić cukier. Odłożyć na bok.
c) Na średnim ogniu rozgrzej wok lub dużą patelnię.
d) Smażyć czosnek, szalotkę i imbir przez 1 minutę na oleju.
e) Dodaj marchewki i 1 do 2 łyżek przygotowanego wcześniej sosu do smażenia.
f) Smażyć, aż marchewka lekko zmięknie.
g) Dodaj 3 do 4 łyżek sosu do smażenia oraz czerwoną paprykę, brokuły i grzyby.
h) Kontynuuj smażenie, aż grzyby i czerwona papryka zmiękną, a brokuły staną się jasnozielone, ale nadal chrupiące.
i) Połącz makaron i pozostały sos do smażenia w dużej misce.
j) Na ostatnią minutę gotowania dodaj kiełki fasoli.
k) Podawać natychmiast w miseczkach lub talerzach posypanych świeżą kolendrą lub bazylią.

92. Tajski makaron ryżowy z bazylią

SKŁADNIKI:
- Tajski makaron ryżowy: 6-10 uncji
- Olej roślinny: 2 łyżki (do smażenia)

NA DODATKI:
- 1 garść bazylii: do dekoracji, świeża
- 1 garść orzechów nerkowca: do dekoracji (posiekanych/mielonych)

NA SOS BAZYLIOWY:
- Bazylia: ½ szklanki, świeża
- Suche orzechy nerkowca: ⅓ szklanki (prażone na sucho i niesolone)
- Ząbki czosnku: 3-4
- Oliwa kokosowa/oliwa z oliwek: 4 łyżki
- Sok z limonki: 1 łyżka (świeżo wyciśnięty)
- Sos rybny/sos sojowy dla wegetarian: 1 łyżka
- 1 chili: opcjonalnie

INSTRUKCJE:
a) W garnku zagotuj wodę, zdejmij z ognia i dodaj makaron.
b) Robiąc sos, namocz makaron.
c) Następnie makaron należy odcedzić i przepłukać zimną wodą, aby zapobiec sklejaniu się.
d) W mini-rozdrabniaczu połącz wszystkie składniki sosu bazyliowego i zmiksuj razem.
e) Na średnim ogniu wlej olej na dużą patelnię i wymieszaj go przed dodaniem makaronu.
f) Dodać 2 łyżki sosu lub do momentu uzyskania pożądanej miękkości.
g) Zdejmij patelnię z ognia. Wlać pozostały sos, aby go równomiernie rozprowadzić.
h) Podawać z odrobiną świeżej bazylii i posiekanymi lub mielonymi orzechami nerkowca.

93.Smażony ryż z ananasem

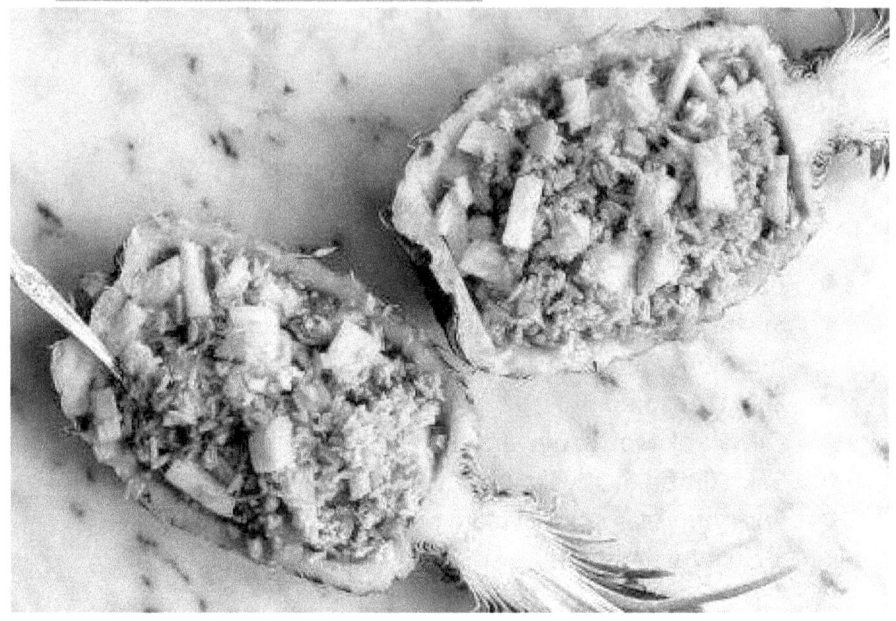

SKŁADNIKI:

- Kawałki ananasa: 1 mała puszka, odsączone/świeże kawałki ananasa: 1 i ½ szklanki
- Ugotowany ryż: 3-4 szklanki (wolałbym kilkudniowy)
- Bulion warzywny/sztuczny z kurczaka: ¼ szklanki
- Szalotka: 2 (drobno posiekane)
- Ząbki czosnku: 3 (drobno posiekane)
- Czerwone lub zielone chili: 1, pokrojone w cienkie plasterki
- Mrożony groszek: ½ szklanki
- Marchew: 1 mała, starta
- Porzeczki/rodzynki: ¼ szklanki
- Niesolone Całe orzechy nerkowca: ½ szklanki (prażone)
- Cebule: 3 (drobno pokrojone)
- Kolendra: ⅓ szklanki, świeża
- Sos do smażenia:
- Sos sojowy: 3 łyżki
- Curry w proszku: 2 łyżeczki
- Cukier: ½ łyżeczki

INSTRUKCJE:

a) Wymieszaj 1 łyżkę oleju z ryżem, rozbij opuszkami palców ewentualne grudki i odłóż na bok.
b) Połącz sos sojowy i curry w filiżance i wymieszaj, aby połączyć.
c) W woku/dużej patelni ustawionej na średnim ogniu skrop 1-2 łyżkami oleju.
d) Mieszaj chili, czosnek i szalotkę, aż zacznie pachnieć, około 1 minuty.
e) Wymieszaj groszek i marchewkę.
f) W misce wymieszaj kawałki ananasa, ryż, porzeczki, groszek i orzechy nerkowca.
g) Posyp mieszaninę rybą i sosem sojowym sproszkowanym curry i smaż, mieszając, przez 5 do 8 minut.
h) Wyłączyć palnik. Próbuj i dopasowuj smaki.
i) Załóżmy, że podajemy na przyjęciu do wykrojonego ananasa). Podawaj z kolendrą i dymką i SMAKUJ!

94. Tajski ryż kokosowy

SKŁADNIKI:

- Olej kokosowy/olej roślinny: ½ łyżeczki
- Tajski biały ryż jaśminowy: 2 szklanki (dobrze wypłukane)
- Mleko kokosowe: 2 szklanki (z puszki)
- Sól: ½ łyżeczki
- Szklanki wody: 1 ¾ szklanki

INSTRUKCJE:

a) W garnku o głębokich ściankach natrzyj olejem całą krawędź.
b) W dużym garnku wymieszaj ryż, sól, mleko kokosowe i wodę.
c) Przestań mieszać, aż płyn zacznie delikatnie wrzeć.
d) Przykryj szczelnie pokrywką i gotuj, aż ryż wchłonie większość płynu.
e) Odsuń ryż widelcem i sprawdź, czy jest ugotowany.
f) Gotuj na parze kilka minut dłużej, jeśli pozostało jeszcze dużo płynu. Wyłącz ogrzewanie, gdy ciecz osiągnie g1.
g) Trzymaj przykryty garnek na gorącym palniku przez kolejne 5 do 10 minut lub do momentu, aż będziesz gotowy do jedzenia, przy wyłączonym ogniu.
h) Spróbuj soli i jeśli to konieczne, dodaj jeszcze szczyptę. Połącz ryż z ulubionymi potrawami, aby uzyskać pyszny posiłek.

95. Tajski żółty ryż

SKŁADNIKI:
- Olej roślinny: 2 łyżki
- Cebula: ¼ szklanki (drobno posiekana)
- Ząbki czosnku: 3, posiekane
- Płatki chili: ⅛-¼ łyżeczki (lub pieprz cayenne)
- Czerwona papryka: ¼ szklanki, pokrojona w kostkę
- Pomidor romski: 1, pokrojony w kostkę
- Biały tajski ryż jaśminowy: 2 szklanki (biały ryż basmati, niegotowany)
- Bulion z kurczaka: 4 szklanki
- Limonka: 1, wyciśnięta sok
- Sos rybny: 2 łyżki (lub sos sojowy)
- Kurkuma: ½ łyżeczki
- Szafran: ⅓-¼ łyżeczki
- Mrożony groszek: ¼ szklanki
- Sól dla smaku
- Świeża bazylia: garść do dekoracji

INSTRUKCJE:
a) Rozgrzej duży garnek na dużym ogniu.
b) Wlej olej i dobrze wiruj.
c) Następnie wrzuć chili, cebulę i czosnek.
d) Następnie dodaj pomidora i czerwoną paprykę.
e) Wymieszaj ryż, aby równomiernie go pokrył.
f) Następnie dodaj bulion i zwiększ ogień do maksymalnego.
g) W dużej misce wymieszaj sos rybny, szafran (jeśli używasz), kurkumę i sok z limonki. Całość dokładnie wymieszaj.
h) Odczekaj 15 do 20 minut, aż ryż się ugotuje.
i) Zdejmij pokrywkę i dodaj groszek, delikatnie mieszając ryż.
j) Załóż pokrywkę i pozostaw ryż na co najmniej 10 minut.
k) Zdjąć pokrywkę z ryżu i rozgnieść widelcem lub pałeczkami. Spróbuj i dopraw, jeśli to konieczne, szczyptą soli.
l) Udekoruj gałązką świeżej bazylii.

96.Smażony Bakłażan

SKŁADNIKI:
NA SOS
- Sos sojowy: 1 i ½ łyżki
- Wegetariański sos ostrygowy: 2 łyżki
- Brązowy cukier: 1 łyżeczka
- Skrobia kukurydziana: 1 łyżeczka
- Woda: 2 łyżki

DLA BŁAŻANA
- Olej: 2-3 łyżki (do smażenia)
- Cebula: ½ (wolałabym fioletową cebulę)
- Ząbki czosnku: 6 (posiekane, podzielone)
- Czerwone chilli: 1-3
- Chińskie japońskie bakłażany: 1 duży/2 cieńsze
- Woda: ¼ szklanki (do smażenia)
- Sos sojowy: 2 łyżki
- Świeża bazylia: ½ szklanki (podzielona)
- Orzeszki ziemne/nerkowce: ¼ szklanki (prażone na sucho, posiekane)

INSTRUKCJE:
a) W misce wymieszaj wszystkie składniki sosu, z wyjątkiem skrobi kukurydzianej i wody.
b) W osobnej filiżance lub misce wymieszaj skrobię kukurydzianą i wodę. Odłożyć na bok.
c) Bakłażana pokroić na drobne kawałki.
d) Na średnim ogniu dodaj 2 do 3 łyżek oleju do woka lub dużej patelni. Następnie do miski miksującej dodaj ½ czosnku, cebuli, chili i bakłażana.
e) Dodaj 2 łyżki sosu sojowego i kontynuuj smażenie, aż bakłażan będzie miękki, a biały miąższ prawie przezroczysty.
f) Dodać resztę czosnku i sos, aż bakłażan będzie miękki.
g) Teraz dodaj mieszaninę skrobi kukurydzianej i wody. Ciągle mieszaj, aby sos równomiernie zgęstniał. Zdejmij patelnię z ognia.
h) Jeśli danie nie jest wystarczająco słone, dodaj sos sojowy lub sok z cytryny/limonki, jeśli jest zbyt słone.
i) Dodać 3/4 świeżej bazylii i krótko wymieszać do połączenia.
j) Połóż na półmisku i posyp pozostałą bazylią i posiekanymi orzechami, jeśli chcesz.

97. Tajskie smażone warzywa

SKŁADNIKI:
- Brokuły chińskie: 1 pęczek
- Sos ostrygowy: 3 łyżki
- Woda: 2 łyżki
- Sos sojowy: 1 łyżeczka
- Cukier: 1 łyżeczka
- Olej: 1 łyżka
- Ząbki czosnku: 3, posiekane

INSTRUKCJE:
a) Brokuły dokładnie opłucz i strząśnij z nadmiaru wody.
b) Odłóż łodygi, które powinny zostać pokrojone na 1-calowe kawałki.
c) Liście pokroić na małe kawałki.
d) W małej filiżance wymieszaj sos ostrygowy, sos sojowy, wodę i cukier.
e) Na dużym ogniu rozgrzej wok lub dużą patelnię. Wiruj olej.
f) Mieszaj czosnek przez kilka sekund.
g) Wrzucić łodygi i liście wraz z sosem.
h) Często mieszaj i mieszaj warzywa, aż liście zwiędną, a łodygi zmiękną.

98. Tajski smażony szpinak z czosnkiem i orzeszkami ziemnymi

SKŁADNIKI:
- Świeży szpinak: 1 duża pęczek
- Ząbki czosnku: 4 (drobno posiekane)
- Czerwone chili: 1
- Bulion warzywny: ¼ szklanki
- Wegetariański sos ostrygowy/sos smażony: 2 łyżki
- Sos sojowy: 1 i ½ łyżki
- Sherry: 1 łyżka
- Brązowy cukier: 1 łyżeczka
- Olej sezamowy: 1 łyżeczka
- Czerwona papryka: ½ (opcjonalnie, pokrojona w cienkie plasterki)
- Orzeszki ziemne lub nerkowce: ¼ szklanki (grubo posiekane, do posypania)
- Olej roślinny: 2 łyżki

INSTRUKCJE:
a) W filiżance wymieszaj bulion, sherry, sos ostrygowy, brązowy cukier i sos sojowy. Odłożyć na bok.
b) Po przepłukaniu odcedź szpinak.
c) Na średnim ogniu rozgrzej wok lub dużą patelnię.
d) Wmieszać 1 do 2 łyżek oleju roślinnego, następnie dodać czosnek i chili (jeśli używasz).
e) Dodaj płatki czerwonej papryki (jeśli używasz).
f) Mieszaj szpinak przez kilka sekund.
g) Mieszaj sos do smażenia, aż szpinak ugotuje się na ciemnozielony kolor.
h) Zdjąć z ognia i spróbować, aby dostosować smaki.
i) Skropić wierzch olejem sezamowym i posypać posiekanymi orzechami.

99. Tajska soja w filiżankach z kapusty

SKŁADNIKI:
- Ziarna soi: 1 szklanka
- Cebula: ¾ szklanki, posiekana
- Czosnek: 2 łyżeczki, posiekane
- Zielone chilli: 2 łyżeczki (posiekane)
- Sos pomidorowy: 2 łyżki
- Kolendra: 3 łyżki (posiekana)
- Sos sojowy: 2 i ½ łyżki
- Tajska pasta czerwone curry: 1 łyżka
- Kiełki fasoli: ½ szklanki
- Orzeszki ziemne: opcjonalnie
- Cytryna: ¾ soku
- Dymka: według uznania
- Kolendra: posiekana
- Płatki chili: według uznania

INSTRUKCJE:
a) Soję namoczyć w wodzie przynajmniej na ½ godziny. Umyć 3-4 razy.
b) Teraz ściśnij je, aby usunąć całą wodę.
c) W woku rozgrzej 1 łyżkę oleju.
d) Na patelni podsmaż posiekaną cebulę.
e) Włóż posiekany czosnek i zielone chilli,
f) Dodaj ziarno soi. Gotuj, aż woda odparuje.
g) Dodaj sos pomidorowy, tajską pastę czerwonego curry i sos sojowy.
h) Dodać szczyptę czarnego pieprzu i dalej smażyć. Teraz dodaj cebulę dymkę i smaż, aż będą chrupiące.
i) Wrzuć dymkę, kolendrę, płatki chili i garść prażonych orzeszków ziemnych.
j) Wyciśnij sok z cytryny i posmakuj soli.
k) Podawać z małymi kubeczkami z kapustą jako dekorację.

100. Tajskie pieczone słodkie ziemniaki i Ube

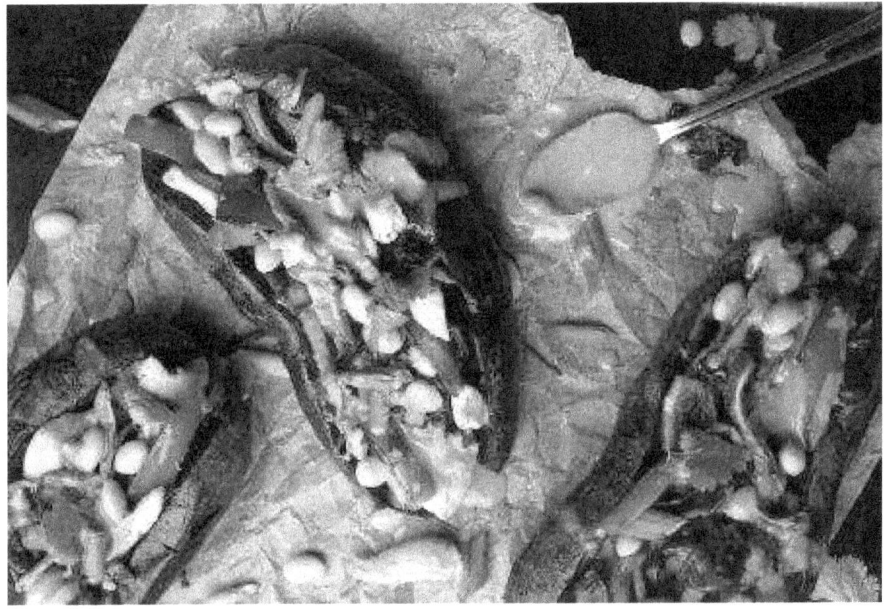

SKŁADNIKI:
- Słodkie ziemniaki: 2 (obrane i pokrojone w kostkę)
- Ignamy: 3-4 (fioletowe, obrane i pokrojone w kostkę)
- Duża marchewka: 1 (posiekana/pokrojona w plasterki)
- Olej kokosowy/olej roślinny: 3 łyżki
- Pieprz cayenne: ½ łyżeczki
- Kminek: ¼ łyżeczki
- Nasiona kminku: 1 łyżeczka (w całości)
- Syrop: 2 łyżki (brązowy ryż/syrop klonowy)
- Sól dla smaku
- Czarny pieprz: do smaku
- Kolendra: 1 garść (świeżej, posiekanej)
- Czerwone chili: 1 posiekane (opcjonalnie, do dekoracji)

INSTRUKCJE:
a) Rozgrzej piekarnik do 350 stopni Fahrenheita.
b) W płaskim naczyniu żaroodpornym wymieszaj posiekane warzywa.
c) Na oliwie posyp nasiona kminku, pieprz cayenne i zmielony kminek.
d) Aby wymieszać, wszystko dokładnie wymieszaj.
e) Po dodaniu 3 łyżek wody wstawić naczynie do piekarnika na 45 minut.
f) Wyjmij warzywa z piekarnika, gdy będą miękkie. Dodaj masło (jeśli używasz) i skrop syropem, pozostawiając je w naczyniu do pieczenia.
g) Doprawić solą i pieprzem i wymieszać.
h) Spróbuj i jeśli to konieczne, dodaj więcej soli.
i) Udekoruj kolendrą i chili (jeśli używasz).

WNIOSEK

Kończąc naszą podnoszącą na duchu podróż po „Podstawowym przewodniku po azjatyckiej kuchni komfortowej" mamy nadzieję, że doświadczyłeś satysfakcjonujących smaków i bogactwa kulturowego azjatyckiej kuchni komfortowej. Każdy przepis na tych stronach jest celebracją pocieszających smaków, technik i wpływów, które sprawiają, że azjatyckie jedzenie komfortowe jest źródłem radości i nostalgii – świadectwem rozgrzewających serce rozkoszy, które przynoszą ukojenie duszy.

Niezależnie od tego, czy delektowałeś się bogactwem zup z makaronem, rozkoszowałeś się prostotą dań z ryżu, czy też rozkoszowałeś się słodyczą deserów inspirowanych kuchnią azjatycką, ufamy, że te przepisy wzbudziły Twoje uznanie dla różnorodnych i głęboko satysfakcjonujących smaków azjatyckiej kuchni komfortowej. Niech poza składnikami i technikami „Podstawowy przewodnik po azjatyckiej kuchni komfortowej" stanie się źródłem inspiracji, nawiązania do tradycji kulturowych i celebracją radości płynącej z każdego pocieszającego kęsa.

W miarę dalszego odkrywania świata azjatyckiej kuchni komfortowej, niech ten przewodnik będzie Twoim zaufanym towarzyszem, prowadzącym Cię przez różnorodne przepisy, które ukazują ciepło, bogactwo i satysfakcjonujący charakter tych ukochanych potraw. Oto, jak delektować się azjatyckimi smakami, odtwarzać rozgrzewające serce posiłki i czerpać radość z każdego kęsa. Miłego gotowania!

www.ingramcontent.com/pod-product-compliance
Lightning Source LLC
Chambersburg PA
CBHW071335110526
44591CB00010B/1163